W0021362

Genehmigte Lizenzausgabe für
Bechtermünz Verlag im Weltbild Verlag GmbH,
Augsburg 2000

© Verlag Zabert Sandmann GmbH, München

Fotografie: Foodbildagentur Eising AG

Konzeptionelle Mitarbeit: Pete A. Eising

Redaktion: Angelika Schlenk, Bettina Blumenberg, Sabine Kamm

Graphische Gestaltung: Reinhard Neuß

Umschlaggestaltung: Zero, München

Herstellung: Helmut Burgstaller

Satz: Layout & Grafik 1000, München

Lithografie: RMO, München

Druck/Bindung: Appl, Wemding

Printed in Germany

ISBN 3-8289-1059-9

GEMÜSE

Die neue große Schule

Texte und Rezepte von
Monika Kellermann

Fotografiert von
Susi und Pete A. Eising

ZABERT SANDMANN

Inhalt

BEILAGEN 77

Gemüsebeilagen, gemischt oder solo,
bringen Frische auf den Tisch,
sie krönen das Menü und runden es
durch Farbakzente ab.

HAUPTGERICHTE 85

Gefüllt oder gebraten, mit Reis oder
Nudeln abwechslungsreich zubereitet –
all diese Gerichte mit ihren schier
unbegrenzten Möglichkeiten zum
Variieren schmecken vorzüglich und
sind ebenso sättigend wie ein Braten.

EINMACHEN UND EINLEGEN 131

Die altbewährten, selbstgemachten,
würzigen oder süßsauren Spezialitäten
aus Großmutters Rezepteschatz sind
heute wieder allerorts gefragt.

REGISTER 138

GEMÜSE – VIEL MEHR ALS EINE BEILAGE

Erst das Gemüse bringt Farbe auf den Teller! Nie war die Auswahl größer als heute, unsere Märkte quellen über von bunten Verlockungen aus der ganzen Welt. Und die Welt ist zum Dorfmarkt geworden: Avocados aus Israel, Pak-Choi aus Fernost und Patisson aus Südamerika – alles kein Problem. Das Paradies hat wieder geöffnet.

Dieser ganze Reichtum kam nicht über Nacht, aber übers Meer. Die Seefahrer brachten von ihren Entdeckungsreisen allerlei seltsame Pflanzen mit, die längst Stammgäste in unseren Gärten sind: aus Mexiko die Tomate, aus Ägypten die Artischocke und Auberginen aus den indischen Tropen. In Italien begann das Gemüse aus der Neuen Welt seinen Siegeszug durch Europa. Schon im 16. Jahrhundert freute man sich über Broccoli, Auberginen, Blumenkohl, Mais und Karotten. Skepsis wich Begeisterung, aus Setzlingen wurden Plantagen.

Viele schöne Rezepte von damals sind heute vergessen. Doch die Grundregel lautet immer noch: Mit Liebe, Lust und Phantasie wird das Gemüse zum Genuß! Köstlichkeiten in unendlicher Vielfalt lassen sich daraus zaubern. Adieu fades Allerlei, willkommen Exoten! Kombiniert mit dem heimischen Saison-Angebot werden daraus knackige Snacks mit fritiertem oder mariniertem Gemüse, feine Beilagen, raffinierte Terrinen, Flans und Sülzen, natürlich auch Suppen und Eintöpfe wie Gazpacho und Ratatouille. So wird jeder Gemüsetag zum Festtag!

VON DER VIELFALT ZUM HOCHGENUSS

Allerdings: Eine Prise Wissen gehört schon dazu. Gemüse ist nicht gleich Gemüse, und ein buntgemischter Einkaufskorb ist erst die halbe Kunst. Wie wird die Vielfalt zum Hochgenuß? Genau das will Ihnen dieses Kochbuch zeigen.

Das Angebot ist verwirrend groß; da tut Warenkunde not. Dieses Buch stellt deshalb die wichtigsten Gemüsesorten ausführlich vor, gibt Einkaufshilfen und Küchentips. Anhand der bewährten Schritt-für-Schritt-Fotos lernen auch Anfänger das große Gemüse-Einmaleins: Wie häute ich eine Tomate, wie zupfe ich die Artischocke, wie gehe ich am besten mit der Aubergine um? Das nächste Kapitel führt in die Gartechniken für das Gemüse ein, Schritt für Schritt lernen Sie das Blanchieren und Dämpfen, das Gratinieren und Fritieren und vieles mehr.

Alle Grundrezepte werden mit einer Fotoserie anschaulich erklärt. Varianten sind natürlich immer möglich, eine Fülle von Tips und Vorschlägen erwartet Sie. Und auch die großen Gemüse-Klassiker wie Tortilla und Minestrone dürfen nicht fehlen. Diese vergnügliche Kochschule ist international.

Für Abwechslung ist also gesorgt, und Ihrer Phantasie sind keine Grenzen gesetzt. Mit den Anregungen dieser Kochschule lohnt sich das Ausprobieren immer!

Warenkunde und Küchentechnik

Ein Führer durch den Gemüsegarten: Wann haben die Gemüse Saison und wie lassen sie sich am besten vor- und zubereiten?

DIE WICHTIGSTEN HILFSGERÄTE IN DER GEMÜSEKÜCHE

Nicht alle Geräte, die Sie hier finden, sind unbedingt erforderlich, um schmackhafte Gemüsegerichte herzustellen, aber mit dem einen oder anderen Helfer geht es ein bißchen einfacher!

Geräte zur Vorbereitung von Gemüse:

Großes Küchenmesser

Zum Zwiebelschneiden nimmt man ein großes Messer, da es besser in der Hand liegt und man eine gute Führung beim Schneiden hat. Zum Herausschneiden von Kohlstrünken, zum Scheibenschneiden von Kohlrabi, Auberginen, Lauch usw. ist ein großes Messer unerläßlich. Es muß immer gut geschärft sein.

Kleine Küchenmesser

werden zum Schälen von Zwiebeln oder Knoblauch und zum Herauslösen der Stengelansätze, etwa bei Paprika oder Tomaten, benötigt.

Das Tourniermesser

eignet sich zum Zurechtschneiden von Gemüse wie Möhren, Zucchini oder Kartoffeln. Es ist auch zum Gemüseputzen ideal.

Das Buntmesser

mit seiner zackig eingeschliffenen Klinge wird zum Aufschneiden von gekochtem Gemüse verwendet. Dreht man eine rohe Kartoffel nach jedem Schnitt mit dem Buntmessser um 90°, erhält man Waffelkartoffeln.

Tomatenschneider

Man drückt Tomaten reibend durch scharfe Sägestege.

Spargelschäler

sind am besten, wenn sich die Klinge verstellen läßt.

Sparschäler

sind unbedingt notwendig zum Schälen von Kartoffeln, Rüben und Gurken. Die zweite kurze Klinge wird u. a. zum Ausstechen der Augen bei Kartoffeln benützt.

Der Pellkartoffelhalter

schützt die Hände, wenn gekochte Kartoffeln sehr heiß gepellt werden müssen.

Kugelausstecher

gibt es in unterschiedlichen Größen. Damit kann man feste Gemüsesorten wie Kartoffeln, Möhren oder Zucchini in Form bringen.

Die Allzweckschere

ist ideal, um Kräuter fein zu schneiden, vor allem Schnittlauch.

Das Wiegemesser

ist zum Zerkleinern von Kräutern nützlich.

Die Knoblauchpresse

quetscht den Saft und das feine Fruchtfleisch aus den Knoblauchzehen.

Gurkenhobel

gibt es häufig mit verschiedenen Reibeeinsätzen. Praktisch ist, wenn man die Scheibendicke verstellen kann.

Rettichschneider

Man kann damit Rettiche spiralförmig aufschneiden, aber auch rohe kleine Kartoffeln, die dann im Fett ausgebacken werden.

Die Rohkostreibe

ist ideal, um kleine Mengen von Gemüse zu reiben.

Küchenmaschinen mit Schneidezubehör

lohnen sich vor allem, wenn häufig größere Gemüsemengen verarbeitet werden. Mit den unterschiedlichen Einsätzen zum Raspeln und Hobeln bringen sie Arbeitserleichterung und Zeitersparnis.

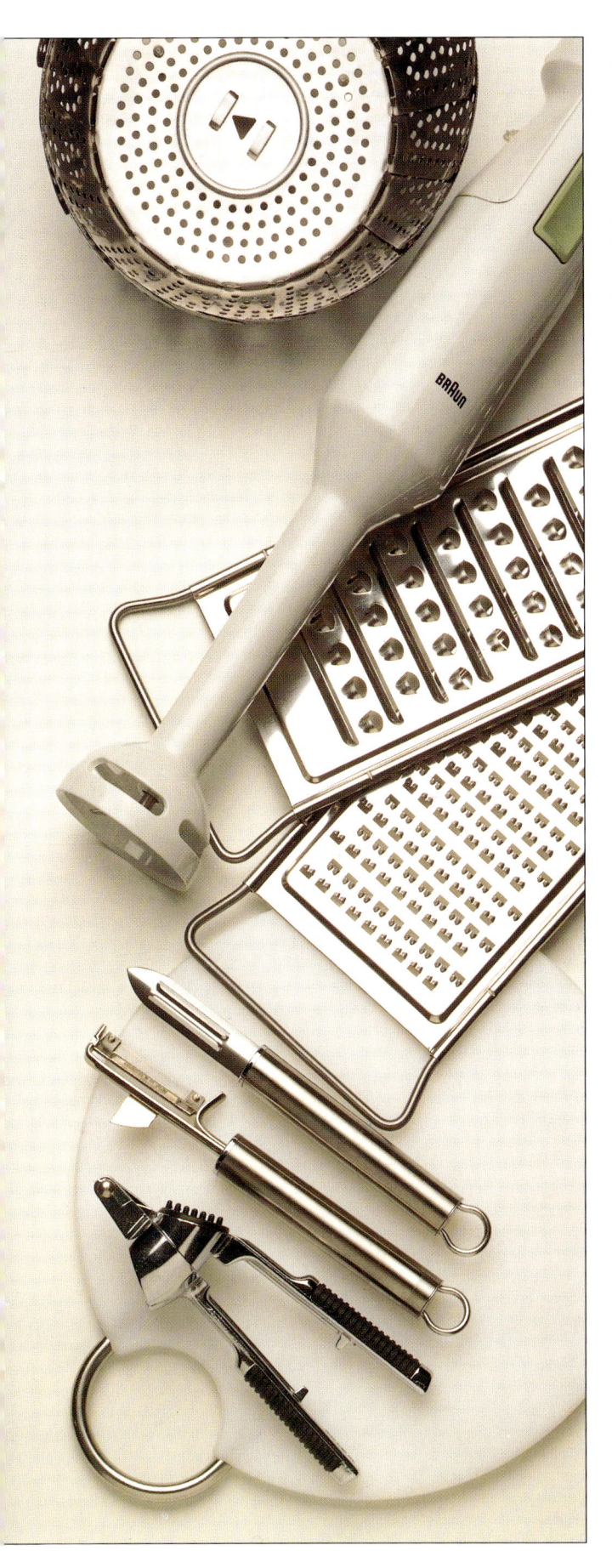

Schließlich sollte man ein **Schneidebrett** haben, am besten aus Holz, da die Messer darauf nicht so schnell stumpf werden wie auf Kunststoff- oder Marmorplatten. Legen Sie ein feuchtes Tuch unter das Brett, es verhindert das Rutschen.

Salatschleuder

Damit läßt sich der Salat gut trockenschleudern, um ein Verwässern des Dressings zu verhindern.

Muskatreibe

Eine sehr feine Reibe speziell für Muskatnüsse, die frisch gerieben ein unvergleichliches Aroma haben.

Der Juliennereißer schneidet Zitronen- und Orangenschalen in feinste Streifen.

Der Orangenschäler ist nicht nur zum Abschälen von Orangen, sondern auch von Salatgurken (besonders, wenn man nur Streifen ziehen will) geeignet.

Ausstecher eignen sich für Salatgurkenscheiben, rohe oder gekochte Möhren usw., die mit einem gezackten oder gewellten Rand besonders appetitlich aussehen.

Geräte zum Gemüsekochen:

Zum Kochen oder Dünsten werden **Kochtöpfe** in verschiedenen Größen benötigt. Wichtig ist dabei vor allem, daß die Böden aus gutem Material sind.

Zusätzlich sind die neuen **Schnellkochtöpfe** zum Aromagaren für die Gemüseküche empfehlenswert. Wer noch einen **Kartoffeldämpfer** besitzt, darf sich glücklich schätzen. Dafür eignen sich **Siebeinsätze** zum Dämpfen von Gemüse, die in viele Töpfe passen.

Weiterhin sind hilfreich:

Durchschlag zum Abtropfen von Gemüse oder ein **großes Sieb**, das den gleichen Zweck erfüllt. Es sollte aus Metall sein, damit es sich bei großer Hitze nicht verzieht.

Schaumlöffel eignen sich, um Gemüse aus kochendem Wasser oder Fett zu heben.

Die Flotte Lotte ist zum Pürieren von Gemüsesuppen bestens geeignet; für die Zubereitung von Tomatensuppe und -sauce. Schneller geht es jedoch mit einem **Pürierstab**. Diese Anschaffung lohnt sich, wenn man gern pürierte Gemüsesuppen zubereitet. Es gibt ihn als Zusatz zu den gängigen Handrührgeräten, aber auch solo.

■ ■ ■ ■ ■ ■ ■ ■ ■ ■ ■ ▢ ▢

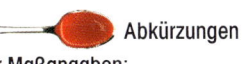 **Abkürzungen für Maßangaben:**

l, ltr	Liter
ml	Milliliter
kg	Kilogramm
g	Gramm

1000 g = 1 kg = 1 l

1 g = 1 ml = 1 ccm

Prise = die Menge, die Sie zwischen zwei Fingern halten können.

Msp.	Messerspitze
EL	Eßlöffel
TL	Teelöffel

Richtwerte für Maßangaben:

Gewicht verschiedener Lebensmittel, bezogen auf einen gestrichenen EL/TL:

Lebensmittel	1 EL	1 TL
Salz	15 g	5 g
Öl	12 g	4 g
Butter, Margarine	15 g	5 g

1 Tasse = 125 ml

1 Suppenteller = 250 ml

■ ■ ■ ■ ■ ■ ■ ■ ■ ■ ■ ■ ■

KNOLLEN- UND WURZELGEMÜSE

Die Gemüsesorten, die unter der Erde wachsen, sind nicht nur in Farbe und Form, sondern auch im Geschmack höchst unterschiedlich. Nur eines haben sie gemeinsam: die Vielfalt der Zubereitungsarten.

Kartoffeln

Man unterscheidet drei Typen: festkochende Sorten (Sieglinde, Hansa, Nicola, Selma, Linda, Cilena und Forelle), besonders für Salat geeignet, vorwiegend festkochende (Amalia, Christa, Clivia, Jessica Prima und Puntilla), für Salat, Bratkartoffeln und Eintöpfe ideal, und mehligkochende Sorten (Aula, Irmgard und Bintje), speziell für Püree und Suppen.
Es gibt unzählige Möglichkeiten, Kartoffeln zuzubereiten: Kochen, Braten, Fritieren, in der Folie backen, Gratinieren ...
Das schonendste Garverfahren ist jedoch das Kochen in der Schale.
Erhältlich: ganzjährig.

Bataten oder Süßkartoffeln

schmecken leicht süßlich und sondern beim Kochen etwas Schleim ab, daher besser in der Schale kochen (Kochzeit je nach Größe 20 bis 25 Minuten).
Fast alle Kartoffelgerichte können auch mit Bataten hergestellt werden.
Wählen Sie kleine bis mittlere Knollen mit glatter, frisch aussehender Schale.
Erhältlich: ganzjährig.

Topinambur

Die unterirdisch wachsenden Knollen, auch Erdbirnen genannt, werden ungeschält gekocht, gedünstet oder gebraten.
Erhältlich: von Oktober bis Mai aus heimischem Anbau.

Yamwurzeln

erinnern geschmacklich an Bataten. Auch sie sondern beim Kochen stärkehaltigen Schleim ab.
Am besten in der Schale kochen und dann zu Brei verarbeiten oder braten. Geschält, feingerieben, mit Eiern vermischt lassen sie sich wie Pfannkuchen ausbacken.
Erhältlich: ganzjährig.

Pastinaken

sind möhrenähnliche Wurzeln, die roh als Salat verzehrt werden können. Meist werden sie jedoch geschält oder ungeschält in wenig Wasser gedünstet (Garzeit ca. 25 Minuten, je nach Größe). Da sie sehr intensiv schmecken, mischt man sie gerne mit Kartoffeln oder anderem Gemüse.
Erhältlich: von Oktober bis November.

Möhren

werden auch Mohrrüben, gelbe Rüben oder Wurzeln genannt, die runden Sorten heißen Karotten.
Möhren sind leicht verdaulich, haben einen hohen Gehalt an Karotin, das nur in Verbindung mit Fett in Vitamin A umgewandelt werden kann. Daher immer Öl, Butter oder Sahne dazugeben.
Erhältlich: ganzjährig.

Petersilienwurzel

Diese Wurzel ist vor allem als Bestandteil von Suppen- gemüse bekannt. Sie schmeckt aber auch als Gemüse- oder Püreesuppe. Erhältlich: Oktober, November.

Schwarzwurzeln

Die auch als »Winterspargel« bekannten Wurzeln oxidieren geschält rasch, darum sofort nach dem Schälen in mit Essig und Mehl verquirltes Wasser legen. Die Mindestlänge sollte 22 cm betragen, und die Wurzel sollte mindestens 65 g wiegen. Erhältlich: von Oktober bis April.

Rote Bete

Auch Rote Rübe oder Rahne genannt, ist ein gesundes und mit ca. 9 g Kohlenhydrate/ 100 g sehr nahrhaftes Gemüse. Die roten Knollen schmecken nicht nur gekocht, sondern auch roh geraspelt als Salat, allerdings nur, wenn sie jung und zart sind. Erhältlich: ganzjährig, aus heimischem Anbau von September bis ins Frühjahr.

Knollensellerie

kann mit und ohne die würzigen grünen Blätter als Gemüse, Gewürz oder Rohkost verwendet werden und läßt sich gut lagern. Nach dem Schälen in Zitronenwasser legen, damit die Knolle sich nicht verfärbt. Erhältlich: ganzjährig.

Speiserüben

Die beliebtesten sind Mai- rüben, weiße Rüben, Teltower Rübchen, aber auch Steck- oder Kohlrüben, die aus- schließlich gekocht verzehrt werden, als Eintopf, Püree oder als Auflauf. Teltower Rübchen munden glasiert oder gratiniert am besten. Erhältlich: von Ende Mai bis Juli.

Rettich

Neben dem weißen Münchner Bierrettich gibt es auch rote und schwarze Retticharten und die langen Daikonrettiche, die bis zu 50 cm lang werden können. Sie sind milder im Geschmack. Nach dem Aufschneiden in Scheiben oder Raspeln mit Salz bestreuen, das mildert die Schärfe. Frischer Rettich muß eine glatte, feste Haut haben, sie darf sich nicht pelzig anfühlen. Erhältlich: ganzjährig, aus heimischem Anbau im Sommer.

Radieschen

Neben den bekannten roten Radieschen gibt es zweifarbige und weiße Radieschen. Auch die länglichen »Eiszapfen« zählen zu dieser Gattung. Radieschen schmecken am besten roh, man kann sie aber auch zu Gemüse verarbeiten. Sie verlieren dabei allerdings die Farbe und viel von ihrer Schärfe. Erhältlich: ganzjährig, aus heimischem Anbau im Sommer.

FRUCHTGEMÜSE

Diese Gemüsesorten haben eines gemeinsam: Sie lieben die
Wärme der Sonne und sie schmecken sonnengereift am besten.

1
2

3
4

5
6

7
8

1 bis 2 Auberginen

müssen eine glatte, glänzende
Haut haben. Längeres Lagern
bekommt ihnen nicht, bei
Temperaturen unter 5°C
werden sie fleckig.
Neben den auberginefarbenen
Eierfrüchten findet man in
gutsortierten Gemüseläden
auch gelbe und weiße. Sie
unterscheiden sich aber
geschmacklich kaum.
Wegen des Gehalts an Bitterstoffen sind Auberginen nicht
für den Rohverzehr geeignet.
Um die Bitterkeit zu mildern,
bestreut man sie mit Salz, läßt
sie 30 Minuten schwitzen und
drückt sie dann aus.
Erhältlich: ganzjährig.

3 Chayote

In dem festen, leicht grünlichen
Fruchtfleisch sitzt in der Mitte
ein Kern, der genießbar ist.
Der Geschmack des Frucht-
fleisches erinnert an Zucchini.
Man kann sie roh oder gekocht
verzehren.
Erhältlich: von November bis
April.

4 Zucchini

Die hell- bis dunkelgrünen
Gemüsekürbisse sind am
feinsten bei einer Länge von
15 cm und einem Gewicht von
150 bis 200 g.
Man ißt sie mit der Schale, roh,
blanchiert, gebraten,
geschmort oder fritiert.
Erhältlich: ganzjährig, aus dem
Freiland von Juni bis Oktober.

5 Gurken

unterteilt man in Schlangen-
bzw. Salatgurken, in Schmor-
und Einlegegurken. Salat-
gurken, auch in Miniformat,
stammen überwiegend aus
dem Gewächshaus. Sie sind
frei von Bitterstoffen, aber
auch nicht so geschmacks-
intensiv wie die Freilandgurken,
die unbedingt vor dem Schälen
am Stielende auf Bitterkeit
geprüft werden müssen.
Erhältlich: ganzjährig, aus
dem Freiland von August bis
September.
Schmorgurken, die sich besonders gut zum Einlegen als Senf-
gurken oder zum Füllen eignen,
gibt es, ebenso wie die kleinen
Einlegegurken, nur aus
Freilandanbau.
Erhältlich: vom Hochsommer
bis in den Herbst.

6 Okraschoten

Die pelzigen Schoten der
Rosenpappel sondern beim
Kochen einen milchigen
Schleim ab. Dies kann man
verhindern, indem man die
Stengelansätze vorsichtig ab-
schneidet, die Schoten ganz
läßt und in kochendem Wasser
mit einem Schuß Essig kurz
blanchiert, bevor man sie
weiterverarbeitet.
Erhältlich: von September bis
Mai.

Winterkürbis (ohne Abb.)

Das leuchtend-orangefarbene
Fleisch der riesigen Gemüse-
früchte hat einen leicht süßlich-
nussigen Geschmack.
Erhältlich: von August bis
November.

9

10

11

12

13

14

15

16

7 bis 9 Tomaten

Die Tomate ist heute das meistverzehrte Gemüse. Folgende Sorten sind von Bedeutung: Kugeltomaten sind relativ kernreich mit saftigem Fruchtfleisch. Fleischtomaten enthalten wenig Kerne, sie sind besonders schnittfest und süß im Geschmack. Flaschen-, Eier- oder Birnentomaten sind kernarm, sehr aromatisch und schmecken gut als Salat. Sie eignen sich auch gehäutet zum Einlegen. Kirsch- oder Cocktail- tomaten, rot und orange, sind intensiv im Geschmack und werden für Salat und zum Garnieren verwendet.

Der grüne Stengelansatz muß immer herausgeschnitten werden, da sich darin das magenschädliche Solanin ansammelt.

Tomaten nicht im Kühlschrank aufbewahren, sie verlieren in der Kälte an Aroma.
Erhältlich: alle Sorten ganzjährig, aus dem Freiland von Juli bis September.

10 bis 13 Gemüsepaprika

Die unterschiedlichen Farben haben nichts mit der Reife zu tun. Mild im Geschmack sind gelbe Sorten, sehr fruchtig die roten und am schärfsten die grünen. Aus den Niederlanden kommen auch schwarze Paprikasorten, die jedoch durch Kochen ihre Farbe verlieren. Die blaßgelben Schoten aus Ungarn sind mild und ideal für den Rohgenuß. Paprika sind besonders reich an Vitamin C, sie enthalten mit 340 mg/100 g zehnmal soviel Vitamin C wie Zitronen.
Erhältlich: ganzjährig, beson- ders preiswert und aromatisch von August bis Oktober aus dem Freiland.

14 Patisson

Die kleinen diskusförmigen Früchte gibt es in Gelb, Grün- lich und Beige. Bis zu 300 g schwer, sind sie gekocht und eventuell gefüllt am köstlich- sten. Sie sind nicht sehr lange haltbar.
Erhältlich: von Juli bis Oktober.

15 und 16 Avocados

Von den 400 Sorten sind vor allem die Ettlinger, Fuerte, Nabel und die warzige und besonders aromatische Hass bekannt.

Avocados enthalten bis zu 30 Prozent leichtverdauliches Fett aus mehrfach ungesättig- ten Fettsäuren.

Das Fruchtfleisch muß zart- grün und butterweich sein. Da es sich nach dem Schälen verfärbt, sollte man es erst kurz vor dem Verzehr zubereiten. Legt man den Kern in die fertige Speise, wird der Bräunungsprozeß verlangsamt.
Erhältlich: ganzjährig.

STENGEL- UND SPROSSENGEMÜSE

Der König der Stengelgemüse ist unumstritten der Spargel. Aber auch Gemüse wie Fenchel, Artischocke, Staudensellerie und Mangold, die ebenfalls zu dieser Gattung zählen, sind bei uns sehr geschätzt. Sprossen hingegen gelten für viele als neumodische Erscheinung. Aber weit gefehlt: Schon vor 5000 Jahren mischte man in China die nährstoffreichen Sprossen vor allem unter Reisgerichte.

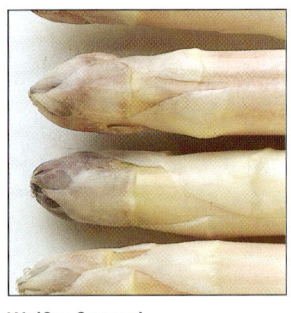

Weißer Spargel
Optimale Qualität erkennt man an dicken, geraden Stangen und geschlossenen Köpfen.

Grüner Spargel
und vor allem wilder Spargel sind herzhafter im Geschmack als die weißen Stangen.

Weißer Spargel

Spargel der Extraklasse muß dicke, gerade und unbeschädigte Stangen von 17 bis 22 cm Länge haben. Dünne Spargelstangen sind billiger, geschmacklich meist genauso gut, allerdings entsteht mehr Abfall.
Frischer Spargel hält sich, in ein feuchtes Tuch gehüllt, drei Tage im Gemüsefach des Kühlschrankes.
Geschält und blanchiert kann man ihn bis zu sechs Monate tiefgefrieren.
Erhältlich: von Mitte April bis zum 24. Juni.

Grüner Spargel

ist der einfacheren Erntebedingungen wegen (er wächst über der Erde) preiswerter. Manche Sorten müssen überhaupt nicht geschält werden, manche nur am unteren Ende. Wilder Spargel ist grün, kürzer und dünner als die bei uns bekannten Sorten und sehr aromatisch.
Erhältlich: von Mitte April bis zum 24. Juni.

Fenchel

Die mediterranen Länder beliefern uns mit den würzigen, leicht nach Anis schmeckenden Knollen.
Das vitamin- und mineralstoffreiche Gemüse kann roh oder gekocht gegessen werden.
Erhältlich: von August bis April.

Artischocken

werden nur gekocht verzehrt. Man gart sie in Salzwasser mit Zitronensaft und etwas Zucker in etwa 30 bis 45 Minuten. Keine Aluminiumtöpfe verwenden, da sich die Artischocken sonst schwarz verfärben. Kleinere Artischocken schmecken auch köstlich in Öl gebraten.
Der in Artischocken enthaltene Bitterstoff Cynarin wirkt appetitanregend!
Erhältlich: von September bis Juni.

Cardy (ohne Abb.)

oder Spanische Artischocke. Von dieser Distelpflanze werden nicht die Blütenköpfe verzehrt, sondern die dem Staudensellerie ähnlichen Stengel. Nach dem Putzen sofort in Essigwasser legen, damit sie sich nicht verfärben. Um die faserige Haut abziehen zu können, müssen sie 20 Minuten gekocht werden. In weiteren 20 Minuten sind sie dann genußfertig.
Erhältlich: von Ende September bis Ende Dezember.

Gemüsefenchel,
in Italien eines der beliebtesten Gemüse, hat auch unsere Märkte erobert.

Artischocken
Die kleinen Sorten sind so zart, daß sie im Ganzen verzehrt werden können.

Artischocken
Die großköpfige Artischocke mit breitem Blütenboden kommt aus der Bretagne.

Staudensellerie
muß frische, grüne Blätter haben, dann schmeckt er am besten und ist reich an Vitaminen.

Mangold
ist nicht nur sehr schmackhaft,
sondern auch besonders reich
an Eiweiß und Mineralstoffen.

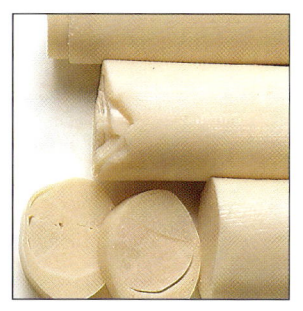

Palmenherzen
werden überwiegend für
Vorspeisen und feine Salate
verwendet.

Bohnenkeimlinge
und alle artverwandten
Sprossen kann man ganzjährig
selber ziehen.

Rübstiel
hat kräftige, sattgrüne Blätter
mit einem kräftig-derben
Geschmack.

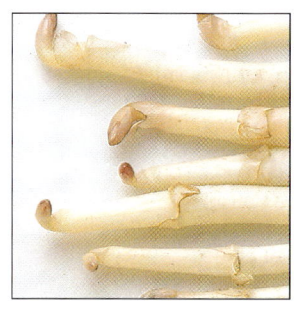

Hopfensprossen
sind eine köstliche Spezialität,
die nicht nur in Hopfen-
gegenden geschätzt wird.

Bambussprossen
haben einen edlen Geschmack,
und sind in der asiatischen
Küche unentbehrlich.

Staudensellerie
ist auch als Bleich- oder
Stangensellerie bekannt.
Er muß knackig-saftige Stengel
haben, die roh zum Knabbern
oder als Salat, aber auch
gekocht, geschmort oder
gedünstet gut schmecken.
Erhältlich: ganzjährig, aus dem
Freiland von Juli bis Ende
Oktober.

Mangold
Es gibt Schnittmangold mit
kleinen Blättern und schmalen
Stielen und Stielmangold mit
großen Blättern und dick-
fleischigen Stielen, die
geschmacklich an Schwarz-
wurzeln erinnern; die Blätter
ähneln Spinat.
Wegen der unterschiedlichen
Garzeiten ist es besser,
Blätter und Stiele getrennt
zuzubereiten.
Erhältlich: von Mai bis Oktober.

Rübstiel,
auch Stielmus genannt, ist das
Kraut der gewöhnlichen
Speiserübe, deren Knolle sich
durch eine zu enge Aussaat
kaum ausbilden kann. Jüngere
Pflanzen bevorzugen.
Erhältlich: von April bis Juni.

Palmenherzen,
auch Palmitos genannt, sind
das wohlschmeckende Mark
der Fächerpalmen, das über
dem Ansatz der Palmenwedel
von Kokos- und Assaipalmen
sitzt, die in Südamerika wachsen. Bei uns sind Palmitos nur
in Dosen erhältlich.

Hopfensprossen
In letzter Zeit wird diese in
Vergessenheit geratene
Spezialität wieder kultiviert, vor
allem in der Hallertau.
Die Sprossen sollen maximal
8 cm lang und 4 mm dick sein,
das Köpfchen muß
geschlossen sein. Kurz
gekocht als Gemüse, sind sie
eine Delikatesse.
Erhältlich: von Mitte März bis
Ende April aus dem Freiland.

Bohnenkeimlinge
nennt man junge Keime aus
Soja- oder Mungobohnen. Da
sie sich aus der konzentrierten
Nährstoffreserve von Samen-
körnern entwickeln, sind sie
besonders reich an wertvollen
Inhaltsstoffen. Außerdem
werden Sprossen aus Adzuki-
bohnen, Alfalfa, Kichererbsen,
Sonnenblumen oder Linsen
überaus geschätzt.
Erhältlich: ganzjährig zum
Selberzüchten.

Bambussprossen
sind die jungen Triebe immer-
grüner Gräser. Die kurzen,
kegelig zulaufenden Sprossen
werden bis zu 30 cm lang und
wiegen bis zu 200 g. Bei uns
sind sie frisch nur selten
erhältlich.

ZWIEBEL & CO.

Die Zwiebel ist eine der ältesten Kulturpflanzen. Schon die alten Ägypter stärkten ihre Sklaven beim Pyramidenbau mit Zwiebeln. Heute ist die Zwiebel in der ganzen Welt verbreitet und wird ganz besonders in Deutschland geschätzt. Mit einem Pro-Kopf-Verbrauch von ca. 7 kg steht die Zwiebel, nach den Tomaten, aber noch vor dem Weißkohl, in der Beliebtheitsliste der Gemüse an zweiter Stelle. Zwar werden bislang Zwiebeln noch überwiegend als Gewürz verwendet – aber der Trend, daraus eigenständige Speisen zuzubereiten, nimmt ständig zu.
Alle Zwiebelsorten sind ganzjährig erhältlich.

Vier Grundregeln für
die Verwendung von Zwiebeln:

1. Zwiebeln immer erst kurz vor dem Gebrauch schälen, da sie sehr rasch an Aroma verlieren.
2. Für Zwiebelwürfel die Zwiebel der Länge nach halbieren und mit einem scharfen Messer in Würfel schneiden; in einer Küchenmaschine gehackte Zwiebeln werden leicht bitter.
3. Um Tränen zu vermeiden, die geschälten Zwiebeln kurz unter fließendes, kaltes Wasser halten.
4. Zwiebeln entfalten ihren Geschmack am besten, wenn sie bei nicht zu starker Hitze in Fett angebraten werden. Sobald sie bräunen, schmecken sie bitter. Will man braune, knusprige Zwiebelringe haben, müssen sie in reichlich frischem Fett ausgebacken werden.

Gesundheitlicher Wert:

Alle Zwiebelsorten sind kalorienarm, reich an Vitamin A und C. Die reichlich enthaltenen ätherischen Öle wirken sich günstig auf Herz und Kreislauf aus.

Speise- oder Haushaltszwiebel
ist die verbreitetste Sorte. Sie schmeckt scharf und wird überwiegend roh oder angebraten zum Würzen verwendet.

Weiße Zwiebel
wird auch Sommerzwiebel genannt. Sie ist saftiger als die übrigen Zwiebeln und eignet sich besonders gut für rohe Zwiebelsalate.

Rote Zwiebel
kommt vorwiegend aus den Balkanländern und Italien. Sie schmeckt mild, leicht süßlich, und der hübschen Farbe wegen wird sie oft roh unter Salat gemischt. Beim Kochen wird sie weiß!

Gemüsezwiebel
erreicht ein Gewicht zwischen 200 und 500 g und wird ganzjährig vorwiegend aus Spanien eingeführt. Da sie groß ist und einen milden Geschmack hat, wird sie meist zum Füllen verwendet.

Silber- oder Perlzwiebeln

werden überwiegend zum Einlegen verwendet. Die etwas größeren Exemplare, meist ein wenig abgeflacht in der Form, heißen Schaschlikzwiebeln.

Schalotte

Die nobelste aller Zwiebelsorten wird immer dann verwendet, wenn man Wert auf ein feines, zartwürziges Aroma legt.

Frühlings- oder Lauchzwiebel

schmeckt im Frühjahr am besten, obwohl es sie mittlerweile das ganze Jahr hindurch gibt. Sie wird meist roh mit dem Grün in Ringe geschnitten und unter Salate gemischt. Auch für pfannengerührte Speisen ist sie bestens geeignet.

Knoblauch

Besonders fein ist der Geschmack von frischem Knoblauch, den es im Frühsommer zu kaufen gibt. Ansonsten sind die Knollen getrocknet, einzeln oder zu Zöpfen zusammengebunden, auf dem Markt. Die äußere Haut soll durchscheinen, und die einzelnen Zehen müssen prall sein. Befindet sich in der Mitte ein grünlicher Keim, hat der Knoblauch sein bestes Stadium überschritten. Die Zehe kann man zwar noch verwenden, den Keim sollte man aber unbedingt entfernen. Dem Liliengewächs werden viele gesundheitlich positive Eigenschaften nachgesagt, neben seiner verdauungsfördernden Wirkung ist sein günstiger Einfluß bei Bluthochdruck erwähnenswert. Knoblauch schälen, in Würfel schneiden, mit einem breiten Messer zerquetschen oder durch eine Presse drücken. Erhältlich: ganzjährig.

Lauch,

auch Porree genannt, ist reich an Kalzium, Phosphor, Eisen, Kalium und an Vitaminen B und C. Seine entschlackende Wirkung wird sehr geschätzt. Die frühen Sorten haben einen zarten Geschmack und sind schneller gar als die späten mit ihrem dicken Schaft.
Lauch muß sehr gründlich gewaschen werden, da sich zwischen den Blättern viel Sand ansammelt!
Dafür die geputzte Lauchstange längs durchschneiden und unter fließendem Wasser die Sandkörner herausspülen. Erhältlich: ganzjährig, aus dem Freiland von Juni bis September.

KOHL

Keine andere Gemüsefamilie weist eine solche Vielfalt auf wie die des Kohls mit dem botanischen Namen »brassica«. Kohl gibt es in Form von Blättern wie Grünkohl, Chinakohl, Weiß- und Rotkohl, als Blütenstände wie Blumenkohl mit all seinen Verwandten, aber auch als Triebsprossen, wie die Röschen des Rosenkohls genannt werden. Nicht zu vergessen die Knollen des Kohlrabis. Alle Sorten unterscheiden sich nicht nur im Aussehen, sondern auch im Geschmack und in der Zubereitung.

Weißkohl

auch als Weißkraut, Kabis oder Kappes bekannt, ist die verbreitetste Kohlsorte Deutschlands. Der Großteil der heimischen Ernte wird zu Sauerkraut verarbeitet. Ein nobler Verwandter ist der Spitzkohl, er ist aromatisch und feiner im Geschmack.
Sofern die Kohlköpfe glatt, fest und geschlossen sind, halten sie sich bei kühler Lagerung 1 bis 3 Wochen, Winterkohl noch länger. Das enthaltene Vitamin C wird nicht, wie üblich, durch Kochen weniger, sondern sogar mehr. Auch bei der Sauerkrautherstellung nimmt der Gehalt an Vitamin C zu.
Erhältlich: ganzjährig. Frühkohl von Juni bis September ist besonders zart und eignet sich gut für Salat und Rohkost, aber auch für Kohlrouladen.

Rotkohl

auch als Rot- oder Blaukraut bekannt, schmeckt im Herbst und Winter am besten.
Sehen die äußeren Blätter schwarz und ledrig aus, ist das Gemüse alt und derb im Geschmack. Wegen seiner besonders festen Zellstruktur regt er die Darmtätigkeit an, für Magenempfindliche ist er jedoch etwas schwer verdaulich.
Erhältlich: von Juni/Juli bis April.

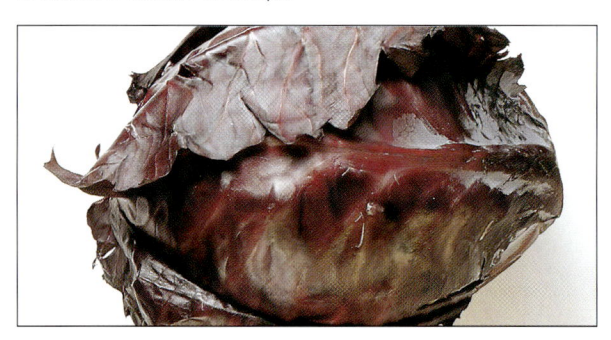

Wirsing

auch Savoyer Kohl oder Welschkohl genannt, ist ein typisches Wintergemüse, doch sollten Sie unbedingt den ersten Frühwirsing im Juni probieren – kurz blanchiert und mit heißer Butter beträufelt.
Die Farbe, Grün oder Gelb, ist sortenbedingt und sagt nichts über die Qualität aus, die krausen Blätter dürfen aber nicht welk aussehen.
Erhältlich: von Juni bis März.

Pak-Choi

häufig auch Paksoi genannt, ist ein Blattstielgemüse, geschmacklich vergleichbar mit Chinakohl, nur etwas milder, mit einem leichten Spinataroma.
Pak-Choi schmeckt als warmes Gemüse oder wenn man die Blätter mit einer feinen Farce füllt.
Erhältlich: ganzjährig.

Chinakohl

auch als Pekingkohl oder Japankohl bekannt, ist eine leicht verdauliche Kohlsorte.
Es gibt zwei Sorten: schmal, langköpfig mit grünen Blättern und oval-rundlich mit stärker gekräuselten, gelbgrünlichen Blättern.
Erhältlich: von August bis März aus dem Freiland, ganzjährig aus Unterglasanbau.

Broccoli

wird auch Sprossenbroccoli, Spargelkohl oder grüner Blumenkohl genannt. Sobald die Blütenstände leicht geöffnet und gelblich sind, sollten Sie Broccoli nicht mehr kaufen.
Neben einem hohen Eiweiß- und Kohlenhydratgehalt ist der Mineralstoffgehalt beachtlich. Der Eisengehalt liegt höher als bei Spinat, und der Vitamin-C-Gehalt ist fast so hoch wie bei Paprika. Broccoli ist sehr leicht verdaulich.
Erhältlich: von August bis Oktober, aus Italien ganzjährig.

Grünkohl

hat viele Namen, z. B. Braunkohl, Krauskohl oder Oldenburger Palme. Am besten verzehrt man ihn erst, wenn er Frost bekommen hat, da dabei die Stärke in Zucker umgewandelt wird und den derben Geschmack mildert. Die Blätter müssen knackig und tiefgrün sein.
Neben dem hohen Mineralstoffgehalt ist vor allem das reichlich enthaltene Eiweiß ernährungsphysiologisch besonders wertvoll.
Erhältlich: von November bis März.

Rosenkohl

wird auch Sprossenkohl oder Brüsseler Kohl genannt.
Frost verbessert den Geschmack und lockert die Zellstruktur, die Röschen werden leichter verdaulich.
Sind die Deckblätter gelb und schlaff, haben die Röschen nur noch wenig Aroma und natürlich auch viele Vitamine eingebüßt.
Erhältlich: von September bis Januar.

Blumenkohl

in Österreich Karfiol genannt, hat Farbe bekannt. Neben der weißen Blume findet man nun auch grüne oder violette Sorten, die durch Kochen grünlich werden.
Wegen seines besonders feinen Geschmacks ist der Blumenkohl von allen Kohlarten das beliebteste Gemüse.
Erhältlich: Ende Mai bis Ende Oktober.

Kohlrabi

unbedingt mit den Blättern kaufen, die aber nicht welk und gelb sein dürfen. In ihnen steckt eine Menge wichtiger Inhaltsstoffe, wertvolles Eiweiß und reichlich Phosphor – mehr als in der Knolle – deshalb sollten Sie die Blätter mitverwenden. Das untere Ende der Knollen darf sich nicht hart und holzig anfühlen. Blauschalige Kohlrabis unterscheiden sich geschmacklich nicht von den weißen.
Erhältlich: von Mai bis November aus dem Freiland.

Romanesco

zählt zur Familie des Blumenkohls.
Cremefarbig, fleckenlos, feinkörnig und dichtgeschlossen muß die Blume sein, knackig-frisch die umhüllenden Blätter.
Ob grün, weiß oder violett, eines haben alle Blumenkohlarten gemeinsam: Sie sind eine der bekömmlichsten Gemüsesorten überhaupt und haben in der Diätküche einen hohen Stellenwert.
Erhältlich: von Ende Mai bis Ende Oktober.

PILZE

Für die Ernährung unterscheidet man Wald- und Zuchtpilze. Die Sporengewächse nehmen nicht nur die gesunden, sondern auch die ungesunden Stoffe wie Schwermetalle aus dem Boden auf. Es ist daher ratsam, nicht häufiger als einmal im Monat wildwachsende Pilze zu genießen. Gelegentlich Pilze als Würze für Saucen oder Suppen zu verwenden, ist gesundheitlich unbedenklich. Die zunehmend bessere Qualität von Zuchtpilzen macht Pilzgerichte heute wieder beliebter.

Gesundheitlicher Wert von Pilzen:

Pilze enthalten etwa soviel Eiweiß wie Gemüse. Da aber Pilzeiweiß schwer verdaulich ist, sind Pilzgerichte bei Magenempfindlichkeit nicht empfehlenswert. Der Vitamin- und Mineralstoffgehalt ist eher unbedeutend, lediglich Vitamin D, das bei den übrigen Gemüsesorten kaum vorkommt, spielt eine Rolle. Ideal sind Pilze für die schlanke Küche, da sie viel Geschmack, aber kaum Kalorien haben.

Vorbereitung und Lagerung:

• Bedingt durch ihre lockere Zellstruktur, nehmen fast alle Pilze wie ein Schwamm Wasser auf. Daher möglichst aufs Waschen verzichten. Bei Zuchtpilzen ist das einfach, bei wildwachsenden Pilzen schabt man anhaftende Schmutzteile am besten mit einem kleinen Messer vorsichtig ab.
• Der ideale Platz für eine kurzfristige Lagerung von Pilzen ist dunkel, kühl und luftig, am besten also das Gemüsefach des Kühlschranks.
Wichtig: Pilze, die in Folie eingepackt sind, sofort nach dem Kauf öffnen, damit sie Luft bekommen.
Im Schnitt halten sich Pilze maximal 2 bis 3 Tage, sie verlieren aber auch bei noch so guten Lagerbedingungen viel Aroma.

Zubereitung:

Pilze können auf vielfältigste Weise zubereitet werden:
Braten: Besonders gut schmecken Pilze, wenn man sie mit Zwiebel- und Speckwürfeln anbrät. So lange braten, bis die dabei entstehende Flüssigkeit verdampft ist. Erst dann, falls gewünscht, mit Sahne und Crème fraîche aufgießen und erneut einkochen lassen.
Fritieren: Kleine Pilzhüte entweder panieren oder in Ausbackteig tauchen und im 180° C heißen Öl goldbraun und knusprig ausbacken.
Dünsten: Am schonendsten für Mineralstoffe und Aroma ist Dünsten. Die kleingeschnittenen Pilze in Butter oder Margarine bei einer Temperatur von ca. 100° C ohne Bräunung anbraten und im eigenen Saft zugedeckt fertiggaren.
Gratinieren: Kurz vorgegarte Pilze in eine Form schichten, mit einer Sahne-Käse-Mischung begießen und auf der obersten Schiene des Backofens goldbraun gratinieren.
Alle Pilzgerichte harmonieren mit feingehackter Petersilie. Ein wenig Estragon oder Basilikum verleiht den Gerichten ihre Raffinesse.

Champignons
sind die beliebtesten Zuchtpilze. Es gibt sie ganzjährig frisch.

Egerlinge
sind die aromatischeren und etwas länger haltbaren Verwandten der Champignons.

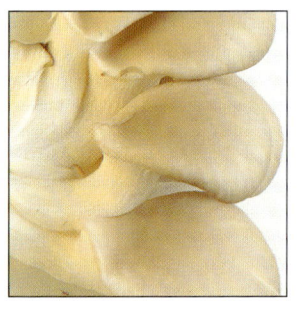

Austernpilze
haben ein besonders festes Fleisch. Kleinere Exemplare sind vorzuziehen.

Shiitake-Pilze
Unter allen Zuchtpilzen kommen sie geschmacklich den Waldpilzen am nächsten.

Steinpilze
Von Juni bis Oktober kann man sie in lichten Nadel- und Buchenwäldern finden.

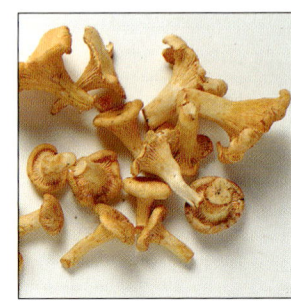

Pfifferlinge
auch Eierschwämme genannt. Von Juni bis Oktober kann man sie im Wald finden.

Morcheln
Morchelzeit ist von April bis Juni, getrocknet gibt es Morcheln jedoch ganzjährig.

Trüffeln
gibt es von Oktober bis Dezember (weiße) bzw. von Oktober bis Februar (schwarze).

HÜLSENFRÜCHTE

Lange Zeit in Vergessenheit geraten, findet man sie heute, köstlich zubereitet, selbst in den besten Restaurants.
Zur Gattung der Hülsenfrüchte gehören auch die frischen Schoten von Erbsen und Bohnen, die völlig anders verarbeitet werden und im Gegensatz zu den getrockneten Hülsenfrüchten rasch gar sind.

Zuckerschoten oder **Zucker-erbsen** schmecken zart-nussig. **Mark-** und **Palerbsen** werden nur selten frisch angeboten.

Buschbohnen eignen sich gut für Salat. **Keniabohnen** sind besonders zart.

Stangenbohnen, Spargel- oder **Strumpfbandbohnen** eignen sich für Gemüse oder Eintöpfe.

Dicke Bohnen sollten milchig-weiße Samen haben. Je jünger die Kerne sind, desto besser ist ihr Geschmack.

Getrocknete gelbe und **grüne Erbsen** gibt es **geschält** und **ungeschält. Kichererbsen** schmecken leicht nussig.

Weiße Bohnen gibt es in Form von **Perlbohnen, großen weißen Bohnen** und **Cannellini-Bohnen**.

Rote Kidneybohnen sind für Chili con carne unentbehrlich. **Wachtelbohnen** sind mehlig-kochend.

Braune Tellerlinsen, Schwarze Linsen und **Rote Linsen** sind besonders fein im Geschmack.

Für alle frischen Sorten gilt:

• Je frischer die Schoten, desto zarter und feiner sind sie im Geschmack.
• Bei längerer Lagerung reifen sie nach und bekommen einen mehlig-bitteren Beigeschmack.
• Notfalls kurz blanchieren, in kaltem Wasser abkühlen und so bis zur Weiterverarbeitung aufbewahren.
• Achten Sie auf eine möglichst kurze Garzeit. Durch zu langes Kochen verlieren sie nicht nur ihre grüne Farbe, sondern auch viel Aroma!
• Am besten schmecken Erbsen und Bohnen frisch geerntet von Ende Mai bis August.

Für alle getrockneten Hülsenfrüchte gilt:

• Sie haben von allen pflanzlichen Produkten den höchsten Eiweißgehalt, dazu kommen beachtliche Mengen an Mineralstoffen, Spurenelementen und Vitaminen. Der hohe Ballaststoffanteil ist für unsere Ernährung besonders wichtig.
• Mit Ausnahme von Linsen (außer sie sind schon sehr lange gelagert) müssen alle Hülsenfrüchte mindestens 12 Stunden in reichlich Wasser (ca. $1/2$ Liter pro 100 g) eingeweicht werden. Da Vitamine und Mineralstoffe in das Wasser übergehen, unbedingt im Einweichwasser kochen.

• Bei getrockneten Bohnen gilt, je dunkler die Bohne, desto intensiver ihr Geschmack und desto fester bleiben sie beim Kochen.
• Die Garzeit kann erheblich schwanken und hängt sehr vom Alter der Hülsenfrüchte ab. (Bohnen und ungeschälte Erbsen benötigen bis zu zwei Stunden, Linsen und geschälte Erbsen bis zu einer Stunde). Leider sieht man ihnen nicht an, wie alt sie sind. Kaufen Sie daher Hülsenfrüchte am besten in gut frequentierten Supermärkten.
• Salz und Säure (Essig oder Wein) verlängern die Garzeit, daher erst zum Schluß an das Gericht geben.

BLATTGEMÜSE

Es kann zart und mild im Geschmack sein wie der Kopfsalat, oder kräftig und würzig wie Rucola, daher eignen sich alle Blattgemüsesorten für ganz individuelle Mischungen. Gesund sind sie allemal und sollten täglich auf dem Speiseplan stehen.

Das gilt für alle Blattsalate:

• Alle Blattsalate sind extrem kalorienarm, zwischen 10 bis 20 Kalorien pro 100 g. Sie enthalten in unterschiedlichen Mengen reichlich Vitamin A und C, viele Mineralstoffe wie Kalium, Kalzium und Eisen. Vor allem die dunkelgefärbten Sorten enthalten Bitterstoffe, die sich günstig auf die Verdauung auswirken.
• Salat kauft man nicht auf Vorrat, denn die knackigen Blätter welken rasch und büßen viel von ihren wertvollen Inhaltsstoffen ein. Am längsten halten sich Endivien, Eisbergsalat und Chicorée.
• Die einzelnen abgelösten Salatblätter rasch, am besten im stehenden Wasser, waschen. Weder unter den Wasserstrahl halten noch zu lange im Wasser liegen lassen. Die Blätter bekommen sonst Flecken, werden matschig und verlieren wichtige Nährstoffe.
• Nach dem Waschen trocknet man die Blätter entweder in einer Salatschleuder oder mit Hilfe eines Tuches. Dann in Streifen schneiden oder mit der Hand in mundgerechte Stücke zerpflücken.

Roter und **grüner Kopfsalat** schmecken frisch aus dem Freiland am besten. Ernte: von Mai bis Oktober.

Lollo rosso, Lollo biondo sind Pflücksalate, wie der **Blattbatavia**, dem sie geschmacklich gleichen.

Eisbergsalat hat knackige, fest übereinandergeschichtete Blätter und welkt daher nicht so schnell.

Eichblattsalat hat eichenlaubähnliche Blätter. Er harmoniert vorzüglich mit Walnüssen und Nußöl.

Romana oder **römischer Salat** schmeckt roh oder kurz gedünstet. Fettere Dressings bekommen ihm gut.

Endivien oder **Eskariol** ist ein Wintersalat mit Bittergeschmack. Er wird in feine Streifen geschnitten.

Frisée ist der attraktivste Salat. Daher mischt man die Blätter unter andere Salatsorten.

Feldsalat auch **Rapunzel**, **Ackersalat** und **Nüßlisalat** genannt, ist ein Herbst- und Wintersalat.

Radicchio Die runden Köpfe werden als Salat, der längliche **Radicchio di Treviso** wird warm zubereitet.

Rucola, Kresse und **Löwenzahn** sind Würzsalate, die jeder Salatmischung Raffinesse verleihen.

Spinat Während man Winterspinat als Gemüse ißt, schmeckt der Frühlingsspinat auch als Salat.

Chicorée Warm oder kalt, als Salat oder Snack – die knackigen Blätter sind vielfältig verwendbar.

Petersilie
paßt zu fast allen Gemüsegerichten. Glatte Petersilie ist
aromatischer!

Schnittlauch
erinnert an Zwiebeln, ist aber
milder. Er harmoniert mit
frischen Salaten. Nicht kochen!

Basilikum
schmeckt nur frisch und am besten im Sommer. Unentbehrlich
für viele italienische Gerichte.

KÜCHEN-KRÄUTER

**Erst das richtige Kräutlein gibt
Gemüsegerichten den letzten
Pfiff. Was wären Tomaten ohne
Basilikum, Bohnen ohne
Bohnenkraut oder Gurken ohne
Dill! Auf die Kräuterwahl und
die richtige Dosierung kommt
es an.
Im Blattgrün der Kräuter
befinden sich nicht nur Aromastoffe, sondern viele Vitamine
und Mineralstoffe. Würzt man
gutdosiert mit Kräutern, kann
man weitgehend auf Kochsalz
verzichten.**

Bohnenkraut
und Bohnen sind untrennbar.
Das Aroma entwickelt sich erst
durch das Mitkochen.

Dill
paßt zu allen Gurkengerichten.
Blattspitzen frisch verwenden,
Stengel kann man mitkochen.

Estragon
hat einen pikanten Geschmack.
Paßt zu Salaten, Saucen und
Pilzgerichten.

Für alle Kräuter gilt:

• Am aromatischsten sind
Küchenkräuter, die kurz vor der
Blüte geerntet werden.
• Kräuter frisch verwenden!
Ein kleiner Kräutergarten auf
dem Balkon oder Fensterbrett
versorgt Sie täglich.
• Vor der Verwendung die
Kräuter kurz waschen und in
einem Tuch trocknen.
• Die meisten Kräuter hackt
man mit einem Wiegemesser.
Einige, z. B. Schnittlauch,
schneidet man besser mit der
Schere.

Kerbel
erinnert geschmacklich an
Fenchel und Anis. Das zarte
Kraut paßt zu jungem Gemüse.

Cilantro oder **chinesische Petersilie** heißen die frischen Blätter
des Korianders. Sie passen gut
zu asiatischen Gerichten.

Majoran
verstärkt sein Aroma durch
Trocknen. Paßt zu Kartoffeln,
Pilzen und Hülsenfrüchten.

• Frische Kräuter halten sich,
gewaschen und trocken-
getupft, einige Tage im
Plastikbeutel im Kühlschrank.
• Die beste Konservierungs-
methode ist für viele Kräuter
das Tiefkühlen. Nur wenige,
wie Thymian, Majoran oder
Oregano, verstärken ihr Aroma
durch Trocknen.

Oregano
harmoniert mit Tomaten,
Zucchini und Auberginen und
darf auf keiner Pizza fehlen.

Thymian
ist fester Bestandteil der
mediterranen Küche.
Mitkochen!

Rosmarin
mit seinem süßlich-bitteren
Aroma ist würzintensiv. Spar-
sam verwenden, mitkochen.

RICHTIG VORBEREITEN

Für fast alle Gemüsesorten gelten folgende vier Vorbereitungsschritte:

- **Putzen**
- **Waschen**
- **Schälen oder Schaben**
- **Zerkleinern oder Aushöhlen**

Unter **Putzen** versteht man das Entfernen von anhaftenden Erdresten, Wurzeln und äußeren Blättern und das Abschrubben von Wurzelgemüse unter fließendem Wasser.

Das **Waschen** von Gemüse ist heute wichtiger denn je, denn so kann man anhaftende Schadstoffe mindern. Untersuchungen haben gezeigt, daß der Bleigehalt durch gründliches Waschen beträchtlich reduziert wird. Kurz, aber sorgfältig, am besten unter fließendem Wasser waschen. Niemals vor dem Waschen zerkleinern!

Vom Wurzelgemüse die Blätter und Wurzeln abschneiden. Blätter evtl. mitverwenden. Das Gemüse dünn schälen.

Wurzelgemüse je nach Verwendungsart auf der Rohkostreibe grob oder fein raspeln.

Wurzel- und Knollengemüse in Streifen, Julienne, Rauten oder Kugeln schneiden oder tournieren.

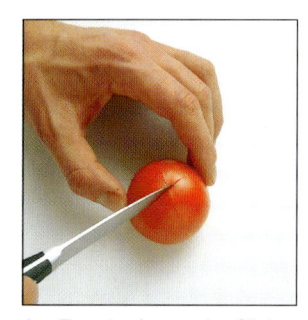

Aus Tomaten immer den Stielansatz mit einem spitzen Messer herausschneiden, die Haut kreuzförmig einschneiden.

Tomaten kurz in kochendes Wasser tauchen, sofort unter kaltem Wasser abkühlen und häuten.

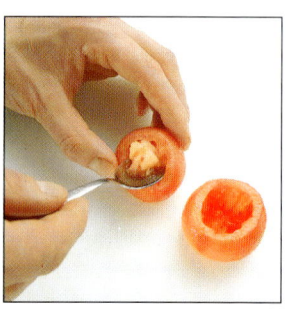

Tomaten entweder halbieren, entkernen und in Würfel schneiden oder mit einem Teelöffel vorsichtig aushöhlen.

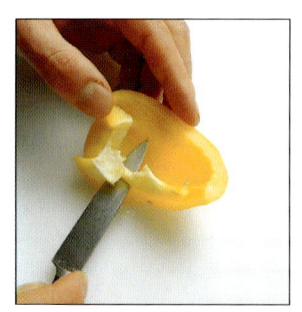

Paprika waschen, halbieren und den Stengelansatz sowie die weißen Samenstränge herausschneiden.

Halbierte Schoten in Streifen oder in Würfel schneiden. Zum Füllen einen Deckel abschneiden und aushöhlen.

Paprika ist gehäutet besser bekömmlich. Im heißen Ofen rösten, bis die Haut dunkelbraun ist und Blasen wirft.

Bohnen und Zuckerschoten müssen brechen, wenn man sie biegt. Vor der Zubereitung waschen.

Die Stielansätze abschneiden, dabei eventuell vorhandene Fäden aus der Naht mitziehen. Die Spitzen kappen.

Zuckerschoten ganz lassen, Bohnen je nach Größe und Verwendung entweder in Stücke brechen oder schnippeln.

Bei kleinen Artischocken lediglich Blattspitzen etwas kürzen und ganz, halbiert oder geviertelt verwenden.

Von größeren Exemplaren die harten Blätter mit der Schere abschneiden und die Schnittflächen mit Zitrone einreiben.

In reichlich Salzwasser mit Zitrone in 30 bis 40 Minuten garkochen. Blätter auseinanderdrücken, das »Heu« entfernen.

Schälen ist bei allen Wurzel- und Knollengemüsen und bei einigen Fruchtgemüsesorten notwendig, aber immer erst kurz vor dem Garen schälen, da durch die Sauerstoffeinwirkung unnötigerweise Vitamine verloren gehen. Manches Gemüse kann oder soll man nach dem Garen schälen, z. B. Kartoffeln, Sellerie oder Rote Bete. Je jünger und zarter das Gemüse ist, um so dünner muß es geschält werden. In vielen Fällen reicht es, die äußere Haut abzuschaben.

Von den Auberginen das Stielende abschneiden. Die Früchte waschen und längs oder quer in Scheiben schneiden.

Mit Salz bestreuen, übereinandergelegt etwa 30 Minuten ziehen lassen, um Wasser und Bitterstoffe herauszulösen.

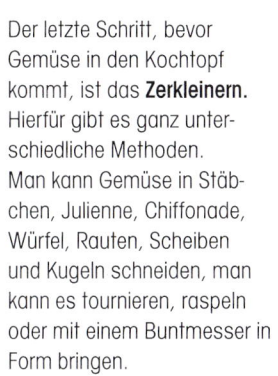

Die Scheiben kurz unter fließendem Wasser abspülen und mit Küchenpapier gut trockentupfen.

Der letzte Schritt, bevor Gemüse in den Kochtopf kommt, ist das **Zerkleinern.** Hierfür gibt es ganz unterschiedliche Methoden. Man kann Gemüse in Stäbchen, Julienne, Chiffonade, Würfel, Rauten, Scheiben und Kugeln schneiden, man kann es tournieren, raspeln oder mit einem Buntmesser in Form bringen.

Aber Vorsicht: Je kleiner die Gemüsestücke, desto mehr Oberfläche entsteht und um so leichter gehen neben Aromastoffen auch die wasserlöslichen Vitamine und Mineralstoffe verloren. Daher kleingeschnittenes Gemüse in wenig Flüssigkeit garen oder unter Suppen und Eintöpfe mischen.

Avocados der Länge nach einschneiden und durch Drehen die beiden Hälften auseinander lösen.

Den Kern entfernen und die Frucht füllen oder das weiche Fruchtfleisch mit einem Löffel herauslösen und pürieren.

Die Avocadohälften schälen und das Fruchtfleisch der Länge nach oder quer in feine Streifen schneiden.

Blumenkohl aus den Blättern lösen und wie Broccoli in Röschen teilen. Den Strunk von den Broccoli abschneiden.

Die Strunkenden der Blumenkohlröschen kreuzweise einschneiden. Das gleiche gilt für geputzte Rosenkohlröschen.

Den Broccolistrunk schälen und in Scheiben schneiden oder den Strunk schälen und mit den Röschen längs vierteln.

Blanchieren und Kochen

Der Unterschied zwischen beiden Garmethoden liegt in der Garzeit. Bei beiden Garweisen benötigt man einen großen Topf mit reichlich kochendem Salzwasser, in dem das Gemüse kurz angekocht wird.

1. Geputzten Blumenkohl in 2 l kochendes Salzwasser, 500 g Zuckerschoten in 4 l kochendes Salzwasser geben.

2. Die Zuckerschoten 2 bis 3 Minuten blanchieren, herausheben und sofort in reichlich Eiswasser geben.

3. Den Blumenkohl kochen lassen, bis sich der Strunk leicht durchstechen läßt (ca. 20 Minuten).

Dämpfen

Bei dieser Methode kommt das Gemüse nicht mit Wasser in Berührung, sondern gart vitamin-, mineralstoff- und aromaschonend über Dampf. Das Gemüse entweder in einen Siebeinsatz geben, in wenig kochendes Wasser stellen oder in einem Dampfdrucktopf auf »Biogarstufe« gardämpfen.

1. 750 g geputzten Broccoli in einen Siebeinsatz geben. Mit ca. 2 Tassen Wasser im Dampfdrucktopf erhitzen.

2. Einsatz mit Gemüse in den Topf geben, den Deckel schließen, Regler auf Biogaren stellen und die Hitze reduzieren.

3. Nach ca. 6 Minuten den Dampf ablassen, Topf öffnen und eine Garprobe machen. Bei Bedarf kurz weitergaren.

Dünsten

Darunter versteht man Garen im eigenen Saft unter Zugabe von wenig Fett und Wasser. Dünsten ist eine nährstoffschonende Zubereitung und eignet sich vor allem für kleingeschnittenes Gemüse. Häufig brät man vorher noch Zwiebel- oder Schalottenwürfel glasig.

1. 30 g Butter in einem Topf bei mittlerer Hitze zerlaufen lassen und 2 EL Schalottenwürfel darin glasig braten.

2. 750 g in Scheiben geschnittene Möhren hineingeben, unter Rühren anschwitzen, Salz und eine Prise Zucker dazugeben.

3. Mit $1/8$ l Wasser oder Wein aufgießen und zugedeckt bei mittlerer Hitze in 4 bis 5 Minuten fertiggaren.

Schmoren

Während beim Dünsten keinerlei Bräunung entstehen soll, ist dieses beim Schmoren erwünscht. Wichtig hierfür ist ein guter Topf mit einem starken, gut wärmeleitenden Boden.

1. 4 EL Öl bei höchster Garstufe erhitzen, 2 EL Zwiebelwürfel darin rasch unter Rühren anschwitzen.

2. 750 g vorbereitete Gemüsewürfel (Auberginen, Zucchini, Paprika) darin unter Rühren kräftig anbraten. Salzen!

3. Mit 5 bis 6 EL Tomatensaft aufgießen, mit Thymian und Knoblauch würzen. Zugedeckt bei schwacher Hitze fertiggaren.

1. 4 Zucchini in $1/2$ cm dicke Scheiben schneiden und in einer Mischung aus Mehl, Salz, Pfeffer und Thymian wenden.

2. 3 EL Öl in einer großen Pfanne auf höchster Stufe erhitzen. Überschüssiges Mehl abklopfen, die Zucchini braten.

3. Nach etwa 2 Minuten die Scheiben wenden, die zweite Seite weitere 1 bis 2 Minuten bräunen. Sofort servieren.

Braten

ist Garen mit Bräunung in heißem Fett.
Weiche Gemüsesorten, evtl. in Scheiben oder Stücke geschnitten, können sofort in das heiße Fett kommen. Harte Gemüsearten sollten zuvor blanchiert werden.

1. Je 300 g Lauch und Möhren in Streifen geschnitten, 100 g Sojabohnenkeimlinge und asiatische Gewürze bereitstellen.

2. 2 EL Öl in einem Wok erhitzen und etwas Lauch hineingeben. Unter Rühren bei mittlerer Hitze anbraten, nicht bräunen.

3. Übrigen Lauch, dann Möhren und zum Schluß die Keimlinge dazugeben. Unter Rühren bißfest braten und würzen!

Pfannenrühren

Hierfür benötigt man einen Wok oder eine Pfanne mit hohem Rand. Fast alle Gemüsesorten kann man im erhitzten Fett unter ständigem Rühren bißfest braten, aber immer zuerst das Gemüse mit der längsten Garzeit in den Wok geben.

1. Backofen auf 225° C vorheizen. 1 $1/2$ kg gekochte Spargelstangen nebeneinander in eine feuerfeste Form schichten.

2. 250 g Crème fraîche mit 100 g geriebenem Gruyère verrühren, würzen und gleichmäßig über die Stangen verteilen.

3. Auf der oberen Schiene des Backofens oder Grills in etwa 10 Minuten goldbraun gratinieren und sofort servieren.

Gratinieren/Überbacken

Fast immer werden die Gemüse vorgegart, bevor sie, mit Käse bestreut oder mit einer Sauce bedeckt, im sehr heißen Ofen eine schöne goldgelbe Bräunung erhalten.

1. 600 g geschälte Kartoffeln in 6 cm lange Stäbchen schneiden, waschen und gut mit einem Tuch abtrocknen.

2. 1 l Öl auf 175° C erhitzen, die Hälfte der Kartoffeln etwa 4 Minuten braten. Die andere Hälfte ebenso vorfritieren.

3. Das Fritierfett auf 190° C erhitzen und die Pommes frites darin in wenigen Minuten goldbraun und knusprig braten.

Fritieren

Reichlich frisches Fritierfett und die richtige Temperatur sind wichtig. Gut geeignet sind elektrische Friteusen, bei denen ein Thermostat die Temperatur automatisch regelt.

Vorspeisen

Die farbige Palette internationaler und einheimischer
Vorspeisen stimmt auf eine gute Mahlzeit ein.

FRITIERTER BLUMENKOHL

Das Fritieren ist eine traditionelle Garmethode der japanischen Küche. Zum klassischen Tempura gehören neben Fisch und Fleisch auch fritiertes Gemüse, das in vielen Variationen in unsere Küche Einzug gehalten hat.

Schneiden Sie das Gemüse in nicht zu große Stücke, damit es schnell und gleichmäßig gart, und wählen Sie gut erhitzbares Fritierfett, entweder reines Pflanzenfett, Butterschmalz oder Öl. Die ausgebackenen Teilchen zum Entfetten auf Küchenpapier legen und mit einer würzigen Sauce als Vorspeise, kleines Häppchen oder Hauptgericht reichen.

Für 4 Personen
Zubereitungszeit: 40 Minuten

1 Blumenkohl von etwa 500 g

Salz

Saft von 1 Zitrone

Für den Ausbackteig:

100 g Mehl, Salz

30 g geriebener Hartkäse, z. B. Emmentaler

1/2 TL Currypulver, Salz

1 Eigelb

1 EL flüssige Butter

1/8 l Bier

2 Eiweiß

1. Den Blumenkohl putzen, waschen und in gleichmäßig große Röschen teilen.

2. Reichlich Salzwasser zum Kochen bringen und die Blumenkohlröschen darin kurz blanchieren. Mit einem Schaumlöffel herausheben und gut abtropfen lassen. Mit Zitronensaft beträufeln und mindestens 10 Minuten marinieren.

3. Für den Ausbackteig Mehl, Käse, Curry und Salz vermischen, Eigelb, flüssige Butter und Bier unterrühren und zum Schluß den steifgeschlagenen Eischnee unterziehen.

4. Das Ausbackfett in einer Friteuse auf 180°C erhitzen, die Gemüsestücke nacheinander in den Teig tauchen und im heißen Fett goldbraun braten. Nicht zu viele Röschen auf einmal in das Fett geben, damit die Temperatur nicht zu stark sinkt.

5. Die Gemüsestücke mit einem Schaumlöffel herausheben und auf Küchenpapier abtropfen lassen. Sofort mit Sauce tatare, Sauce béarnaise oder Sauce hollandaise genießen.

Pro Person:
Kalorien (kcal) 210
Eiweiß (g) 11
Fett (g) 7
Kohlenhydrate (g) 23

■ ■ ■ ■ ■ ■ ■ ■ ■ ■ ■

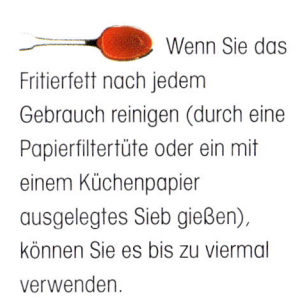 Wenn Sie das Fritierfett nach jedem Gebrauch reinigen (durch eine Papierfiltertüte oder ein mit einem Küchenpapier ausgelegtes Sieb gießen), können Sie es bis zu viermal verwenden.

■ ■ ■ ■ ■ ■ ■ ■ ■ ■ ■

Gemüse blanchieren
Reichlich Salzwasser in einem großen Topf zum Kochen bringen und die möglichst gleich großen Blumenkohlröschen darin in einigen Minuten bißfest blanchieren.

Teig zubereiten
Mehl, Käse, Paprika und Salz in einer Schüssel vermischen und ein Eigelb, flüssige Butter und Bier unterrühren. Zum Schluß das sehr steif geschlagene Eiweiß unterziehen.

Ausbackfett
Nur Fett nehmen, das hocherhitzbar ist (also niemals Butter oder Margarine). Mischen Sie nie verschiedene Fettsorten und frischen Sie keinesfalls gebrauchtes Fett mit neuem auf.

Durch den Teig ziehen
Die blanchierten Blumenkohlröschen einzeln nacheinander durch den Teig ziehen, so daß sie gleichmäßig davon bedeckt sind.

Fritieren von Gemüse
Immer nur wenige Stücke mit einer Schaumkelle oder im Ausbackkorb in das Fett geben, damit die Temperatur nicht zu sehr absinkt. Das Fett muß immer sprudelnd aufbrausen. Nur so nimmt das Gargut wenig Fett auf.

FRITIERTES GEMÜSE

Viele Gemüsesorten schmecken besonders köstlich, wenn sie, umhüllt mit einem Teig oder einer Panade, im Fett ausgebacken werden. Sie sollten außen knusprig, innen bißfest sein.
Jeder Ausbackteig reicht für ca. 500 g Gemüse!

Ausbackteig 1:

100 g Mehl, Salz

30 g geriebener Hartkäse

1 Msp. Paprika, edelsüß

1 Eigelb

1 EL flüssige Butter

$1/8$ l Bier

2 Eiweiß (steifgeschlagen)

Alles gründlich verquirlen,
Eischnee unterziehen.

Ausbackteig 2:

100 g Mehl, Salz

$1/4$ l trockener Weißwein

2 EL flüssige Butter oder Öl

etwas abgeriebene

Zitronenschale

2 Eiweiß (steifgeschlagen)

Alles gründlich verquirlen,
Eischnee unterziehen.

Ausbackteig 3:

100 g Mehl, Salz

$1/4$ l Mineralwasser mit

Kohlensäure

1 Ei

Alles zu einem dünnflüssigen
Teig verquirlen.

Panade:

3 bis 4 EL Mehl

2 kleine Eier

Salz, frisch gemahlener Pfeffer

5 bis 6 EL Paniermehl

Gemüse nacheinander darin
wenden. Panade festdrücken.

Gemüse, das roh ausgebacken
werden kann:

1 Champignons oder Egerlinge
Bevorzugt kleine Pilze auswählen! Evtl. etwas geriebenen Parmesan unter das Paniermehl mischen oder die Pilze in Ausbackteig Nr. 1 tauchen.

2 Zucchinischeiben oder -stifte
Das Gemüse vorher mit ein wenig Thymian, Knoblauch und Öl marinieren, dann in Mehl wenden oder in Ausbackteig Nr. 3 tauchen.

3 Zucchiniblüten
Mit Mozzarella, Fleischfarce oder Pesto füllen. In Ausbackteig Nr. 1 oder Nr. 2 tauchen.

4 Auberginenscheiben
Unbedingt vorher salzen und ausdrücken! Entweder in Mehl wenden oder in Ausbackteig Nr. 2 oder Nr. 3 tauchen.

5 Spinatblätter
Gründlich gewaschenen, gut abgetrockneten Winterspinat von kräftiger Struktur in Ausbackteig Nr. 3 tauchen.

6 Salbeiblätter
In Teig Nr. 2 oder Nr. 3 getaucht und kroß ausgebacken – köstlich zum Aperitif.

7 Radicchioblätter
Die inneren zarten Blätter schmecken prima in einer Hülle aus Teig Nr. 3.

8 Zwiebelringe
Ausbackteig Nr. 1 mit oder ohne Käse, aber kräftig mit Paprika und Pfeffer gewürzt, paßt hierzu am besten.

1

2

3

4

5

6

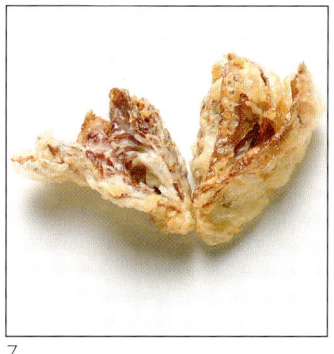

7

8

9

10

11

12

13

14

15

16

Gemüse, das zuvor blanchiert werden muß:

9 Broccoliröschen
Am besten Teig Nr. 2 wählen und mit abgeriebener Orangenschale verfeinern.

10 Spargel, weiß und grün
Bißfest gekocht in Stücke schneiden und in Teig Nr. 2 oder Nr. 3 tauchen.

11 Schwarzwurzeln
Gekocht und in Stücke geschnitten, harmonieren sie mit Teig Nr. 1; den Paprika durch gemahlenen Kümmel ersetzen.

12 Kleine Artischocken
Kochfertig vorbereiten, kurz kochen, in Teig Nr. 3 tauchen und knusprig ausbacken.

13 Sellerie-Stäbchen
Knollensellerie schälen und in Stäbchen schneiden. Bißfest blanchieren und panieren. Das Paniermehl durch grob gemahlene Cornflakes ersetzen.

14 Möhren
Junge, zarte Möhren putzen, etwas Grün daran lassen und bißfest kochen. In Teig Nr. 1 tauchen (Paprika und Käse durch 2 EL gehackte Pinien- oder Pistazienkerne ersetzen).

15 Frühlingszwiebeln
Zwiebeln putzen, das letzte grüne Drittel wegschneiden und kurz blanchieren. In Teig Nr. 2 wenden und ausbacken.

16 Zuckerschoten
Putzen und kurz blanchieren. In Teig Nr. 2 oder Nr. 3 wenden und ausbacken.

■ ■ ■ ■ ■ ■ ■ ■ ■ ■ ■ ■

Überraschen Sie einmal Ihre Gäste mit einer Gemüse-Fritier-Party. So wird's gemacht:
1. Verschiedene Gemüse der Saison putzen, waschen, in mundgerechte Stücke schneiden und blanchieren. Vergessen Sie nicht, farbige Gemüse wie Zuckerschoten, grüne Bohnen oder auch Möhren sofort nach dem Kochen in Eiswasser abzukühlen, damit sie ihre schöne, frische Farbe behalten.
2. Unterschiedliche Teige vorbereiten, dabei den Eischnee erst kurz bevor die Gäste eintreffen unterziehen. Die Teige in kleinen Schalen um den Fonduetopf anordnen.
3. Drei bis vier würzige Saucen vorbereiten oder notfalls aus dem Glas bereitstellen.
4. Sobald Ihre Gäste gekommen sind, das Öl erhitzen und auf das Rechaud stellen.
5. Jeder spießt sich sein Lieblingsgemüse auf eine Fonduegabel, taucht es in einen beliebigen Teig und dann ab ins heiße Fettbad. Sobald es goldgelb und knusprig ist, genießt man es mit einer der würzigen Saucen.

■ ■ ■ ■ ■ ■ ■ ■ ■ ■ ■ ■

GEMÜSESÜLZE MIT HUHN

An heißen Sommertagen gibt es kaum eine leichtere und erfrischendere Vorspeise als gut gekühlte Gemüsesülze. Ein weiterer Vorteil: Die Sülzen werden in den kühleren Morgenstunden zubereitet und sind dann, mit einer Vinaigrette, Salat und Brot gereicht, ein idealer Essensauftakt oder auch eine kleine Mahlzeit.

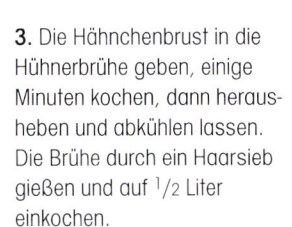

Für 6 Personen
Zubereitungszeit: 1 Stunde
Kühlzeit: mind. 1 bis 2 Stunden

1 Packung Hühnerklein

1 Bund Suppengrün

Salz

6 bis 8 Pfefferkörner

6 weiße Spargelstangen

2 junge Möhren

100 g Broccoli

2 ausgelöste Hähnchen-
brusthälften

6 Blatt weiße Gelatine

3 EL Weißweinessig

6 Cocktailtomaten

etwas frische Petersilie

1. Das gewaschene Hühner-klein mit 1 l Wasser, kleinge-schnittenem Suppengrün, Salz und Pfefferkörnern zum Kochen bringen und etwa 40 Minuten bei schwacher Hitze köcheln lassen.
2. Spargel und Möhren schälen, Broccoli in Röschen teilen und alles in reichlich kochendem Salzwasser bißfest kochen. Mit einem Schaum-löffel herausheben und in eisgekühltes Wasser geben.

3. Die Hähnchenbrust in die Hühnerbrühe geben, einige Minuten kochen, dann heraus-heben und abkühlen lassen. Die Brühe durch ein Haarsieb gießen und auf $^1/_2$ Liter einkochen.
4. Gelatine in kaltem Wasser einweichen, ausdrücken und in der heißen Brühe auflösen.
5. In 6 kleine Förmchen oder Kaffeetassen jeweils 1 EL Fond geben und im Kühlschrank zum Spiegel erstarren lassen.
6. Gemüse und das in Würfel geschnittene Hühnerfleisch mit der restlichen Brühe ver-mischen und mit Essig und Salz sehr kräftig abschmecken.
7. Die Cocktailtomaten in Scheiben schneiden und auf dem Spiegel anrichten, in die Mitte etwas Petersilie geben. Die Sülzmischung darauf verteilen und im Kühlschrank erstarren lassen.
8. Auf gut gekühlte Teller stürzen und mit einer Tomaten-oder Kräutervinaigrette und Salatblättern anrichten.

Pro Person:
Kalorien (kcal) 70
Eiweiß (g) 13
Fett (g) 0,5
Kohlenhydrate (g) 3

Den geschälten Spargel in kleine Stücke, die Möhren in Würfel schneiden. Den Broccoli in Röschen zerteilen, den Stiel in Würfel schneiden.

Die Gelatineblätter in reichlich kaltem Wasser aufquellen lassen, gut ausdrücken und unter Rühren in die heiße Brühe geben.

Die Tomatenscheiben auf dem Spiegel kreisförmig anordnen, in die Mitte ein schönes Petersilienblatt geben.

Die Sülzmischung vorsichtig, damit nichts verrutscht, mit einem Eßlöffel darauf verteilen. Im Kühlschrank erstarren lassen.

Den Rand der Förmchen mit einem spitzen Messer lösen, die Förmchen in eine Schüssel mit heißem Wasser tauchen oder die Tasse unter einem heißen Wasserstrahl drehen und sofort auf gut gekühlte Teller gleiten lassen.

GESTÜRZTES TOMATENGELEE

Für Kalorienbewußte ist Tomatengelee eine ideale Vorspeise. Allerdings schmeckt es nur aus wirklich aromatischen, sonnengereiften Tomaten.

Für 4 Personen
Vorbereitungszeit: 30 Minuten
Kühlzeit: ca. 2 Stunden

4 Blatt weiße Gelatine

$1/2$ Blatt rote Gelatine

400 g vollreife Tomaten

1 EL Tomatenmark

Salz

frisch gemahlener Pfeffer

1 TL Aceto Balsamico

5 bis 6 Basilikumblätter

4 runde Scheiben Mozzarella

etwas Öl für die Förmchen

1. Die Gelatineblätter in kaltem Wasser einweichen.
2. Tomaten waschen und ohne Stengelansätze in Stücke schneiden. Im Mixer fein pürieren und anschließend durch ein feines Sieb streichen. Gründlich mit Tomatenmark verrühren und mit Salz, Pfeffer und Balsamessig kräftig würzen. Die Basilikumblätter sehr fein hacken und unter die Tomatenmischung geben.
3. Die eingeweichte, ausgedrückte Gelatine bei schwacher Hitze auflösen und vorsichtig mit der Masse vermischen.
4. Vier kleine Kaffeetassen oder Förmchen mit Öl auspinseln und die Tomatenmischung einfüllen. Im Kühlschrank erstarren lassen. Sobald die Masse zu stocken beginnt (sie darf aber noch nicht völlig fest sein), auf jede Sülze eine Scheibe Mozzarella legen und leicht andrücken. Erneut kaltstellen, bis die Sülze fest und sturzfähig ist.

5. Den Rand der Förmchen mit einem spitzen Messer lösen, die Förmchen kurz in heißes Wasser tauchen und auf einen gut gekühlten Teller stürzen. Mit Rucola oder Kresse umkränzen.

Pro Person:
Kalorien (kcal) 70
Eiweiß (g) 6
Fett (g) 3
Kohlenhydrate (g) 3

■ ■ ■ ■ ■ ■ ■ ■ ■ ■ ■ ■ ■ ■

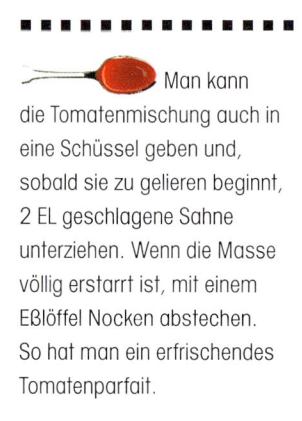 Man kann die Tomatenmischung auch in eine Schüssel geben und, sobald sie zu gelieren beginnt, 2 EL geschlagene Sahne unterziehen. Wenn die Masse völlig erstarrt ist, mit einem Eßlöffel Nocken abstechen. So hat man ein erfrischendes Tomatenparfait.

■ ■ ■ ■ ■ ■ ■ ■ ■ ■ ■ ■ ■ ■

LAUCHSÜLZE MIT LACHS

Für 6 Personen
Zubereitungszeit: 1 Stunde
Kühlzeit: 4 bis 5 Stunden

3 mittelgroße Stangen Lauch

2 mittelgroße Möhren

0,4 l Fischfond

$1/4$ l trockener Weißwein

4 cl Noilly Prat

$1/2$ Bund Dill

6 weiße Pfefferkörner

Salz

500 g rohes Lachsfilet

Saft von 1 Zitrone

12 Blatt weiße Gelatine

1. Von den Lauchstangen das harte grüne Ende und die Wurzeln entfernen. Die Stangen in dünne Ringe schneiden, in kaltem Wasser gründlich waschen und auf einem Durchschlag abtropfen lassen. Die Möhren waschen, schälen und in dünne Scheiben schneiden.

2. Fischfond, Wein und Noilly Prat mit den Dillstengeln (ohne die Blattspitzen) und den Pfefferkörnern erhitzen, salzen und das Gemüse darin etwa 5 Minuten blanchieren.

3. Die Gelatine in reichlich kaltem Wasser einweichen.

4. Lachs in 1 cm dicke Scheiben schneiden, salzen und mit dem Saft von $1/2$ Zitrone beträufeln.

5. Das Gemüse herausheben und den Fisch 2 bis 3 Minuten in dem Sud pochieren. Die Flüssigkeit darf keinesfalls kochen.

6. Den Sud durch ein Haarsieb gießen, die ausgedrückte Gelatine darin auflösen und mit dem restlichen Zitronensaft und Salz würzen.

7. Eine Kastenform von 1 Liter Inhalt mit einem 3 mm dicken Sülzespiegel ausgießen und im Kühlschrank erstarren lassen.

8. Einen Dillzweig und einige Möhrenscheiben zu einem Blütenzweig auf dem Spiegel anordnen, dann vorsichtig mit einem Löffel abwechselnd eine Schicht Gemüse und eine Schicht Fisch in die Form geben und so fortfahren, bis alle Zutaten verbraucht sind. Mit der Geleeflüssigkeit auffüllen, bis alles bedeckt ist. Im Kühlschrank 4 bis 5 Stunden erstarren lassen.

Pro Person:
Kalorien (kcal) 280
Eiweiß (g) 22
Fett (g) 12
Kohlenhydrate (g) 9

■ ■ ■ ■ ■ ■ ■ ■ ■ ■ ■ ■ ■ ■

Damit sich die Sülze leicht stürzen läßt, tauchen Sie die Form kurz in heißes Wasser. Dann mit einem spitzen Messer die Sülze vom Rand lösen, eine gut gekühlte, längliche Platte auf die Form legen und mit der Form stürzen. Ein großes, scharfes Messer in heißes Wasser tauchen und die Sülze in Scheiben schneiden. Gut gekühlt, am besten mit einer Kräutervinaigrette (siehe Seite 48), servieren.

■ ■ ■ ■ ■ ■ ■ ■ ■ ■ ■ ■ ■ ■

GEMÜSETERRINE

Terrinen und Flans sind einfach herzustellen, auch wenn sie ein wenig kompliziert aussehen. Sie müssen nicht immer aus verschiedenen Gemüsesorten sein, wie im nachfolgenden Rezept.

Für 6 Personen
Vorbereitungszeit: 40 Minuten
Garzeit: 2 Stunden 30 Minuten

300 g Rote Bete

300 g weiße Rübchen

300 g Möhren

Für die Roten Bete:

1 Msp. Zucker

1 TL geriebener Meerrettich

1 EL Zitronensaft

Für die weißen Rübchen:

1 TL geraspelte Ingwerwurzel

1 EL Zitronensaft

gemahlener weißer Pfeffer

Für die Möhren:

1 EL Marsalawein

gemahlener weißer Pfeffer

außerdem:

6 Eier

150 g Crème fraîche

Salz

Butter für die Form

1. Die Gemüsesorten putzen, waschen, schälen und auf der groben Seite einer Rohkostreibe oder in einer Küchenmaschine raspeln. Jedes Gemüse in ein Stück Alufolie geben, verschließen und im Dampfdrucktopf 10 Minuten garen.
2. Anschließend jedes Gemüse extra mit einem Pürierstab oder im Mixer pürieren.
3. Den Backofen auf 180° C vorheizen und einen großen flachen Topf, etwa zur Hälfte mit Wasser gefüllt, auf die mittlere Schiene stellen.

4. Die Gemüsepürees mit den angegebenen Gewürzen verfeinern, jeweils 2 Eier und 50 g aufgeschlagene Crème fraîche unterrühren und mit Salz und Pfeffer kräftig abschmecken.
5. Eine Terrinen- oder Kastenform (1½ l Inhalt) mit Butter ausfetten und zuerst das rote Gemüsepüree einfüllen. Die Oberfläche glattstreichen und die weiße, zum Schluß die Möhrenmasse daraufgeben. Die Form nur zu zwei Drittel füllen.
6. Zugedeckt im Wasserbad in etwa 2 Stunden garen lassen. Am besten über Nacht abkühlen lassen und am nächsten Tag in Scheiben geschnitten als Vorspeise reichen.

Pro Person:
Kalorien (kcal) 210
Eiweiß (g) 10
Fett (g) 14
Kohlenhydrate (g) 10

Da beim Garen viel Würze entschwindet, müssen Terrinen und Flans immer sehr kräftig gewürzt werden, sonst schmecken sie nach dem Abkühlen fade. Gut gekühlt aufbewahrt, halten sich Gemüseterrinen 2 bis 3 Tage.

Die geputzten und geraspelten Gemüse werden in Alufolie verpackt und auf dem Lochsieb des Dampfdrucktopfes, am besten auf Biostufe, gegart.

Die einzelnen Gemüsesorten werden fein püriert, kommen getrennt in Schüsseln und werden unterschiedlich gewürzt, bevor die Eier und die mit einem Schneebesen locker aufgeschlagene Crème fraîche untergerührt werden.

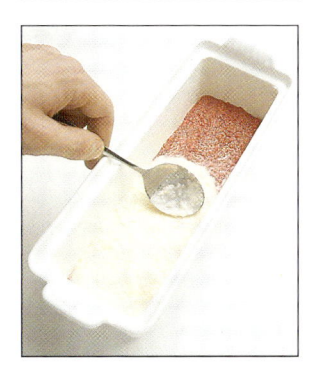

Beim Einfüllen in die gefettete Terrinenform darauf achten, daß die einzelnen Schichten immer glattgestrichen werden. Am besten geht das mit einem Löffelrücken oder einem Teigschaber. Die Form nur zu zwei Drittel füllen, da die Farce während des Garens aufgeht.

Der Topf für das Wasserbad soll so hoch sein, daß die Form bis knapp unter den Rand im Wasser steht. Bei Bedarf immer wieder etwas Wasser nachgießen.

Die Terrine ist fertig, wenn sich die Oberfläche fest anfühlt und sich der Rand leicht von der Form löst (das ist nach ca. 2 Stunden der Fall).

ZUCCHINIFLANS MIT SONNENBLUMENKERNEN

Für 4 Personen
Vorbereitungszeit: 20 Minuten
Garzeit: 40 Minuten

1 mittelgroßer Zucchino (200 g)

1 Schalotte

$\frac{1}{2}$ Knoblauchzehe

100 g Sahne

1 Ei

1 Eigelb

1 EL Sonnenblumenkerne

Salz

gemahlener weißer Pfeffer

etwas gerebelter Thymian

Fett für die Förmchen

1. Zucchino waschen und mit der Schale in Stücke schneiden. Schalotte und Knoblauch schälen und fein hacken.
2. Den Backofen auf 180 ° C vorheizen und einen großen flachen Topf, zweifingerbreit hoch mit heißem Wasser gefüllt, auf die mittlere Schiene stellen.
3. Die Zucchinistücke mit Sahne, Ei und Eigelb im Mixer fein pürieren. Schalotten, Knoblauch und die gehackten Sonnenblumenkerne untermischen und mit Salz, Pfeffer und Thymian kräftig würzen.

4. Timbale- oder Soufflé-förmchen ($\frac{1}{4}$ l Inhalt) einfetten und die Zucchinimasse hinein-gießen; sie dürfen nur zu zwei Drittel gefüllt sein. Die Förm-chen mit gefetteter Alufolie verschließen, dabei ein paar Löcher für die Dampfent-weichung einstechen. In das heiße Wasserbad stellen und in 30 bis 40 Minuten garen.
5. Aus dem Wasser nehmen und 5 Minuten ruhen lassen. Warm oder kalt, z. B. mit einer Tomatenvinaigrette als Vorspeise reichen.

Pro Person:
Kalorien (kcal) 160
Eiweiß (g) 5
Fett (g) 14
Kohlenhydrate (g) 3

■ ■ ■ ■ ■ ■ ■ ■ ■ ■ ■ ■ ■

Ob Sie nun die Gemüsemasse in kleine Förmchen füllen, in eine große Schüssel, wie im nebenstehen-den Rezept, oder auch in eine Kastenform, die Zubereitung ist immer wie im Grundrezept beschrieben: Püriertes Gemüse wird mit Sahne oder Crème fraîche verrührt und mit Eiern gebunden.
Dies sind nur zwei der vielen Möglichkeiten von Gemüse-terrinen oder Flans. Sie schmecken ebenso mit Knollensellerie, püriertem Spinat oder mit Wirsing. Gewürze wie Safran, Curry oder feine Kräuter geben den feinen Vorspeisen den richtigen Pfiff.

■ ■ ■ ■ ■ ■ ■ ■ ■ ■ ■ ■ ■

MÖHRENTERRINE MIT ERBSEN

Für 6 Personen
Vorbereitungszeit: 45 Minuten
Garzeit: 1 1/2 Stunden

500 g Möhren

1 Zwiebel

40 g Butter

1 TL Puderzucker

Salz

Zitronenpfeffer oder

gemahlener weißer Pfeffer

1/4 l Sahne

100 g sehr kleine

Zuckerschoten

2 Eier

2 Eigelb

100 g Tiefkühlerbsen

Fett für die Form

1. Die Möhren putzen, waschen und in Scheiben schneiden. Die Zwiebel schälen und in Würfel schneiden.
2. Die Butter erhitzen und die Zwiebelwürfel darin glasig braten, die Möhren dazugeben und mit Puderzucker bestäuben. Bei mittlerer Hitze anschwitzen, mit Salz und Pfeffer würzen, mit der Sahne aufgießen und zugedeckt weichkochen.
3. In der Zwischenzeit die Zuckerschoten putzen, waschen und kurz in kochendem Salzwasser blanchieren. In eisgekühltem Wasser abkühlen lassen.

4. Den Backofen auf 180° C vorheizen und einen großen, flachen Topf, mit heißem Wasser gefüllt, auf die mittlere Schiene stellen.
5. Die gekochten Möhren mit der Sahne im Mixer fein pürieren. Nach und nach Eier, Eigelb und die Tiefkühlerbsen unter den Gemüsebrei mischen und noch einmal kräftig abschmecken.
6. Eine kleine Metallrührschüssel mit rundem Boden gut ausfetten und in der Mitte sternförmig die Zuckerschoten anordnen. Die Gemüsefarce vorsichtig darauf verteilen, damit der Stern nicht verrutscht. Die Form auf einem Metallring oder auf einem Suppenteller in das Wasserbad

stellen und mit gefetteter Alufolie verschließen, dabei einige Löcher für die Dampfentweichung einstechen. Etwa 1 1/2 Stunden garen lassen. Warm oder kalt servieren.

Pro Person:
Kalorien (kcal) 290
Eiweiß (g) 7
Fett (g) 23
Kohlenhydrate (g) 11

AVOCADO MIT NORDSEEKRABBEN

**Für 4 Personen
Zubereitungszeit: 15 Minuten**

2 Schalotten

2 Tomaten

4 kleine reife Avocados

Saft von $1/2$ Zitrone

150 g geschälte

Nordseekrabben

Für die Vinaigrette:

Salz

frisch gemahlener Pfeffer

2 EL Weißweinessig

2 EL trockener Weißwein

4 EL geschmacksneutrales Öl

1. Die Schalotten schälen und in Würfel schneiden. Die Tomaten häuten, halbieren, entkernen und in kleine Würfel schneiden. Avocados schälen, halbieren und den Kern entfernen, quer in dünne Scheiben schneiden.
2. Die Avocados auf vier Tellern sternförmig anrichten und mit dem Saft von $1/2$ Zitrone beträufeln. Mit Schalotten- und Tomatenwürfeln und den Krabben bestreuen.
3. Aus den übrigen Zutaten eine Vinaigrette rühren und die Avocados damit beträufeln.

Pro Person:
Kalorien (kcal) 350
Eiweiß (g) 9
Fett (g) 31
Kohlenhydrate (g) 3

AVOCADO-TATAR

**Für 4 Personen
Zubereitungszeit: 15 Minuten**

2 vollreife Avocados

1 mittelgroße Zwiebel

1 Knoblauchzehe

2 EL Crème fraîche

Salz

frisch gemahlener Pfeffer

Saft von $1/2$ Zitrone

1 EL gehackte Petersilie

Zum Anrichten:

4 Scheiben Vollkornbrot oder

4 Tomaten

1. Die Avocados halbieren und den Kern entfernen. Das Fruchtfleisch herausheben und mit einer Gabel fein zerdrücken.

2. Zwiebel und Knoblauch schälen, in winzige Würfel schneiden und mit der Crème fraîche unter das Avocadomus mischen. Mit Salz, Pfeffer und Zitronensaft herzhaft würzen. Mit Petersilie bestreuen.
3. Das Tatar entweder dick auf Vollkornbrot streichen und mit Tomatenscheiben garnieren oder in ausgehöhlte Tomaten füllen.

Pro Person:
Kalorien (kcal) 140
Eiweiß (g) 1
Fett (g) 13
Kohlenhydrate (g) 2

STAUDENSELLERIE MIT ROQUEFORT-FÜLLUNG

Für 4 Personen
Zubereitungszeit: 15 Minuten

4 große Stangen
Staudensellerie

100 g Roquefort
(50 % Fett i. Tr.)

100 g Speisequark
(20 % Fett i. Tr.)

1 EL Calvados

Salz

frisch gemahlener Pfeffer

1. Von den Selleriestangen die zarten Blätter abschneiden und fein hacken. Die Stangen in 10 cm lange Stücke schneiden.

2. Den Roquefort mit der Gabel zerdrücken und mit Quark und Calvados verrühren. Vorsichtig mit Salz und Pfeffer würzen.

3. Die Käsecreme mit einem Spritzbeutel in die Höhlung der Selleriestangen spritzen und mit den gehackten Sellerieblättern bestreuen. Mit getoastetem Weißbrot servieren.

Pro Person:
Kalorien (kcal) 150
Eiweiß (g) 10
Fett (g) 9
Kohlenhydrate (g) 2

ZWIEBEL-ORANGEN-SALAT

Für 4 Personen
Zubereitungszeit: 20 Minuten

2 mittelgroße Gemüsezwiebeln

4 saftige Orangen

5 EL Olivenöl, kaltgepreßt

1 getrocknete Peperoni

1/4 TL gerebelter Thymian

1 TL Aceto Balsamico

Salz

frisch gemahlener Pfeffer

12 schwarze, gehackte Oliven

1 EL gehackte Petersilie

1. Geschälte Zwiebeln auf dem Gurkenhobel in dünne Scheiben hobeln. Orangen so dick schälen, daß die weiße Haut völlig entfernt ist. Die Früchte quer in Scheiben schneiden, den Saft auffangen.

2. Öl und Orangensaft verquirlen, mit der zerbröselten Peperoni, Thymian, Balsamessig, Salz und Pfeffer würzig abschmecken und die gehackten Oliven untermischen.

3. Die Orangen kreisförmig auf vier Teller verteilen, die Zwiebelscheiben in die Mitte häufen. Alles mit der Olivenmarinade beträufeln. Mit Petersilie bestreuen.

Pro Person:
Kalorien (kcal) 190
Eiweiß (g) 2
Fett (g) 14
Kohlenhydrate (g) 14

Salate und Rohkost

Mit einem phantasievollen Dressing wird Rohkost zum Auftakt eines Essens, zur Zwischenmahlzeit oder zum Hauptgang.

SALATSAUCEN

Salate sind eine Augenlust und daher eine schöne Einstimmung auf ein Essen. Mit Phantasie lassen sie sich immer wieder neu kombinieren und auch mit Gemüse bunt mischen. Ob man sie mit einer Vinaigrette oder einem Joghurtdressing anrichtet, das hängt ganz von der Gelegenheit ab. Vor der Zubereitung sollten Sie folgende 5 Grundregeln beachten:

1. Blattsalate immer frisch kaufen, nicht zu lange lagern – sie werden schnell welk und verlieren Vitamine.
2. Abgelöste Salatblätter ganz lassen und kurz in kaltem Wasser waschen.
3. Gut abtropfen lassen, am besten mit Hilfe einer Salatschleuder trockenschleudern.
4. Anschließend, je nach Sorte, in mundgerechte Stücke zupfen oder in Streifen schneiden.
5. Erst kurz vor dem Servieren mit dem vorbereiteten Dressing vermischen, die Blätter fallen sonst zusammen und werden matschig.

1 Grundrezept: Vinaigrette

2 EL Essig

Salz

frisch gemahlener Pfeffer

6 EL Öl

Bei jeder Vinaigrette erst Essig, Salz und Pfeffer so lange mit einem kleinen Schneebesen verrühren, bis sich das Salz gelöst hat. Dann unter Rühren langsam das Öl dazugießen und zum Schluß die weiteren gewünschten Zutaten untermischen.

Variationen:

2 Kräutervinaigrette

2 EL Weißweinessig

Salz

frisch gemahlener Pfeffer

6 El Olivenöl, kaltgepreßt

1 EL Schalottenwürfel

2 EL frisch gehackte Kräuter, z. B. Petersilie, Schnittlauch, Estragon, Kerbel, Basilikum

Alle Zutaten in der genannten Reihenfolge miteinander vermischen.

3 Tomatenvinaigrette

Anstelle der Kräuter 2 gehäutete Fleischtomaten, in kleine Würfel geschnitten, untermischen.

4 Eiervinaigrette

Zusätzlich zu den Kräutern 2 hartgekochte Eier, in Würfel geschnitten, dazugeben.

5 Senfvinaigrette

Essig, Salz. Pfeffer und 1 TL feinwürzigen Dijonsenf miteinander verrühren, bevor das Öl und die Schalotten hinzukommen.

6 Knoblauchvinaigrette

Die Schalottenmenge auf 2 EL erhöhen und mit 1 kleinen feingehackten Knoblauchzehe vermischen. 1 EL feingehackte Petersilie unter die Salatsauce mischen.

1

2

3

4

5

6

7

8

9   10

11   12

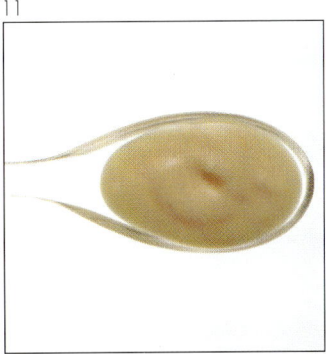

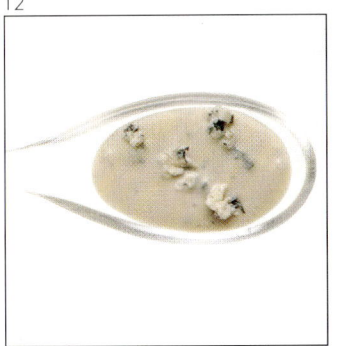

13   14

15   16

7 Nußvinaigrette

Die Hälfte der Ölmenge durch Walnußöl ersetzen, Schalotten und Kräuter weglassen und den angemachten Salat mit gehackten Walnüssen bestreuen.

8 Asiatische Vinaigrette

Weinessig durch Sherryessig ersetzen, 1 TL Sojasauce, etwas frisch geraspelte Ingwerknolle und 1 Msp. gemahlenen Koriander hinzufügen; anstelle der Kräuter 2 EL in kleine Würfel geschnittene, rote und gelbe Paprika dazugeben.

9 Grundrezept: Dressing mit Joghurt

150 g Joghurt oder Dickmilch,

Saure Sahne, Crème fraîche

oder eine Mischung

aus diesen Produkten

Salz

gemahlener weißer Pfeffer

2 EL geschmacksneutrales Öl

2 EL Weißweinessig

Alle Zutaten gut miteinander vermischen.

Variationen:

10 Schnittlauchdressing

Den Weinessig durch Schalottenessig ersetzen und zusätzlich 1 Bund feingeschnittenen Schnittlauch untermischen.

11 Dilldressing

Anstelle des Essigs Zitronensaft verwenden und 1 Bund feingeschnittenen Dill dazugeben.

12 Orangendressing

Den Essig durch 1 EL Limettensaft und 2 EL frisch gepreßten Orangensaft ersetzen. Die abgeriebene Schale von 1/2 Orange, etwas frisch geraspelte Ingwerwurzel und 1 Msp. Cayennepfeffer hinzufügen.

13 Grundrezept: Mayonnaise

1 Eigelb

1 EL Essig oder Zitronensaft

1/8 l geschmacksneutrales Öl

1 EL Joghurt

Salz, frisch gemahlener Pfeffer

Eigelb und Essig oder Zitronensaft verrühren und unter ständigem Schlagen mit einem Schneebesen das Öl tropfenweise dazugeben. Zum Schluß Joghurt unterrühren und mit Salz und Pfeffer würzen.

Variationen:

14 Roquefortdressing

Roquefort mit einer Gabel fein zerdrücken und mit 1 EL Magerjoghurt gründlich mit der fertigen Mayonnaise verquirlen.

15 Cocktaildressing

Die Mayonnaise mit 1 EL Ketchup, 1 TL Paprikamark, 1 EL Cognac und etwas Tabasco verquirlen.

16 Thousand-Island-Dressing

Je 1 EL in winzige Würfel geschnittene Cornichons und eingelegte Paprikaschoten untermischen und mit etwas Chilipulver würzig abschmecken.

MÖHREN-APFEL-ROHKOST MIT MUNGOSPROSSEN

Durch die wachsende Beliebtheit der Vollwertküche ist Rohkost in aller Munde. Dazu braucht man frisches Gemüse und Obst, Keime, Nüsse und Sprossen. Mit einer Marinade oder einem Dressing richtet man diese besonders gesund oder auch als kleine Sünde an.

Für 4 Personen
Zubereitungszeit: 15 Minuten

400 g junge Möhren
1 großer säuerlicher Apfel
100 g Joghurt 3,5 % Fett i. Tr.
1 EL Crème fraîche oder Öl
Saft von 1 Zitrone
1 EL Apfeldicksaft
1 TL Honig
Salz
frisch gemahlener Pfeffer
150 g frisch gekeimte Mungosprossen

1. Von den Möhren das Grün entfernen, die zarten Blätter aufbewahren. Möhren und Apfel waschen und schälen.
2. Joghurt mit Crème fraîche oder Öl verrühren und mit Zitronensaft, Apfeldicksaft, Honig, Salz und Pfeffer würzen.
3. Die Möhren und den Apfel auf der feinen Seite einer Rohkostreibe in das Salatdressing raspeln. Alles gründlich vermischen und mit 2 EL feingehackten Möhrenblättern und den Mungosprossen bestreuen.

Pro Person:
Kalorien (kcal) 110
Eiweiß (g) 4
Fett (g) 2
Kohlenhydrate (g) 16

Für Rohkost nur ganz frisches Gemüse verwenden.
Vergessen Sie nie, das Salatdressing mit etwas gutem Öl oder Sahne anzureichern, da unser Körper manche Vitamine nur in Verbindung mit Fett verwerten kann.

● Statt dem Apfel können Sie auch eine feste Birne raspeln und untermischen.

● Eine nicht weniger köstliche Variante entsteht, wenn Sie statt Möhren und Apfel Blumenkohl und Banane miteinander kombinieren. Dafür 400 g rohen Blumenkohl raspeln und mit einer in kleine Würfel geschnittenen Banane unter das Joghurtdressing mischen. Mit frisch geriebenem Meerrettich würzen und mit gehackten Pistazien bestreuen.

CHICORÉESALAT

WALDORFSALAT

Für 4 Personen
Zubereitungszeit: 20 Minuten

3 Chicoréekolben

2 große Orangen

1 säuerlicher Apfel

6 frische Datteln

2 EL Crème fraîche

1 EL Kürbiskernöl, kaltgepreßt

Salz

frisch gemahlener Pfeffer

2 EL Kürbiskerne, geröstet

1. Die Chicoréekolben waschen, halbieren, die bitteren Strünke entfernen und die Hälften in Streifen schneiden. Die geschälten Orangen filetieren, den dabei entstehenden Saft auffangen. Apfel schälen, halbieren und entkernen. Zuerst in dünne Scheiben, dann in feine Streifen schneiden. Datteln enthäuten, halbieren, entkernen und in kleine Würfel schneiden.
2. Crème fraîche, Öl und Orangensaft verrühren, mit Salz und Pfeffer würzen und mit den Salatzutaten vermischen. Mit Kürbiskernen bestreuen.

Pro Person:
Kalorien (kcal) 130
Eiweiß (g) 3
Fett (g) 6
Kohlenhydrate (g) 17

Für 4 Personen
Zubereitungszeit: 25 Minuten

2 EL Mayonnaise

100 g Joghurt 3,5 % Fett i. Tr.

Saft von 1 Zitrone

Salz

frisch gemahlener Pfeffer

300 g Sellerieknolle

200 g säuerliche Äpfel

2 EL geschlagene Sahne

3 EL gehackte Walnüsse

1. Mayonnaise mit Joghurt verrühren, mit Zitrone, Salz und Pfeffer würzig abschmecken.
2. Sellerieknolle und Äpfel schälen. Die Äpfel halbieren und entkernen. Beides erst in dünne Scheiben, dann in feine Streifen schneiden und sofort unter das Salatdressing mischen.
3. Kurz durchziehen lassen und bei Bedarf nachwürzen. Vor dem Servieren die Sahne unterziehen und den Salat mit Walnüssen bestreuen.

Pro Person:
Kalorien (kcal) 170
Eiweiß (g) 4
Fett (g) 12
Kohlenhydrate (g) 11

KARTOFFEL-GEMÜSE-SALAT

Gekochte Gemüsesalate sind ideal für Picknick, leichte Abendessen oder für ein kaltes Büffet, da man sie gut vorbereiten und einige Stunden vor dem Verzehr zubereiten kann. Die Salate schmecken dann sogar noch besser.

Für 4 Personen
Zubereitungszeit: 1 Stunde
Marinierzeit: mind. 1 Stunde

500 g festkochende Kartoffeln

2 Möhren

100 g junge, grüne Bohnen (Keniabohnen)

1 Stange Lauch

100 g ausgepalte Erbsen

Salz

$1/_8$ l heiße Fleischbrühe

3 bis 4 EL Weißweinessig

3 EL Mayonnaise

1 EL Joghurt

1 EL frisch geriebener Meerrettich

frisch gemahlener Pfeffer

1 Bund Schnittlauch

1. Kartoffeln waschen und mit der Schale in etwa 20 Minuten gar kochen.
2. Möhren, Bohnen und Lauch waschen und putzen. Die Möhren in Würfel, die Bohnen in 3 cm lange Stücke und den Lauch in dünne Scheiben schneiden.
3. Reichlich Salzwasser zum Kochen bringen und das Gemüse in 4 bis 5 Minuten biß-fest kochen, nach 2 Minuten die Erbsen hinzufügen. Durch ein Sieb abgießen, dann sofort in eisgekühltes Wasser geben.
4. Die Kartoffeln pellen und in Würfel schneiden. Brühe, Salz und Essig miteinander ver-quirlen und über die Kartoffeln gießen. Mindestens 10 Minuten durchziehen lassen, dann mit dem übrigen Gemüse vermischen.

5. Mayonnaise, Joghurt und Meerrettich verrühren und locker mit den Salatzutaten vermischen. Gut durchziehen lassen und vor dem Servieren, falls nötig, noch einmal nachwürzen und mit fein geschnittenem Schnittlauch bestreuen.

Pro Person:
Kalorien (kcal) 200
Eiweiß (g) 6
Fett (g) 7
Kohlenhydrate (g) 27

● ● ● ● ● ● ● ● ● ● ● ● ● ●

Mischt man Schinken, gegartes Hähnchen-fleisch oder Krabben unter den Salat, ergiebt dies eine sättigende Mahlzeit! Je nach Geschmack werden gekochte Gemüsesalate mit Mayonnaise oder mit einer Vinaigrette angemacht.

● ● ● ● ● ● ● ● ● ● ● ● ● ●

LAUWARMER LAUCHSALAT
MIT ZITRONENVINAIGRETTE

Für 4 Personen
Zubereitungszeit: 50 Minuten
Marinierzeit: mind. 1 Stunde

1 kg Lauch

4 Möhren

Salz

Saft von 1 großen Zitrone

1 TL feinwürziger Dijonsenf

6 EL Olivenöl, kaltgepreßt

2 Schalotten

abgeriebene Schale

von 1/2 Zitrone

1/2 Bund Petersilie

1. Von den Lauchstangen die Wurzeln und die grünen Enden abschneiden. Die Stangen in 1 cm dicke Scheiben schneiden und in kaltem Wasser gründlich waschen. Die Möhren waschen, schälen und in dünne Scheiben schneiden.
2. Reichlich Salzwasser zum Kochen bringen und den Lauch darin in 6 bis 8 Minuten weich kochen. Nach 3 Minuten die Möhrenscheiben hinzufügen.
3. Das Gemüse in ein Sieb geben und gut abtropfen lassen. Etwa 1/8 l Kochwasser abmessen und beiseite stellen.

4. Zitronensaft, Salz und Senf verrühren, bis sich das Salz gelöst hat, dann unter weiterem Rühren das Olivenöl dazugießen. Die geschälten Schalotten in kleine Würfel schneiden und mit dem gut abgetropften Gemüse unter die Marinade mischen. Eventuell noch etwas Kochbrühe hinzufügen. Den Salat mindestens 1 Stunde durchziehen lassen.
5. Mit der Zitronenschale und der frisch gehackten Petersilie bestreuen und als Beilage zu gekochtem Rindfleisch oder Kalbsbraten reichen.

Pro Person:
Kalorien (kcal) 210
Eiweiß (g) 5
Fett (g) 16
Kohlenhydrate (g) 12

■ ■ ■ ■ ■ ■ ■ ■ ■ ■ ■ ■ ■ ■

Mit streifig geschnittener Räucherzunge vermischt, ergibt der Salat eine köstliche kleine Mahlzeit!

■ ■ ■ ■ ■ ■ ■ ■ ■ ■ ■ ■ ■ ■

SPARGELSALAT MIT DILL

Für 4 Personen
Zubereitungszeit: 30 Minuten

500 g weißer Spargel

500 g grüner Spargel

Salz

10 g Butter

$^1/_2$ TL Zucker

1 TL Honig

1 EL feinwürziger Kräutersenf

1 Eigelb

2 EL Estragonessig

1 EL Zitronensaft

4 EL Traubenkernöl

1 EL Crème fraîche

frisch gemahlener Pfeffer

$^1/_2$ Bund Dill

1. Den weißen Spargel ganz, den grünen nur am unteren Ende schälen. Jeweils zu einem Bund zusammenbinden und in kochendem Wasser mit Salz, Butter und Zucker bißfest kochen. Den grünen Spargel nach 10 bis 15 Minuten, den weißen nach 15 bis 20 Minuten herausnehmen und auf einer Platte abdampfen lassen.
2. Honig, Senf, Salz und Eigelb mit einem Schneebesen verrühren und nach und nach Essig, Zitronensaft und das Öl unterrühren. 1 bis 2 EL Spargelwasser dazugeben und zum Schluß die Crème fraîche unterziehen.
3. Die Spargelstangen in etwa 4 cm lange Stücke schneiden und mit der Salatsauce vermischen. Mindestens 30 Minuten durchziehen lassen.

4. Mit Pfeffer würzen und mit feingeschnittenem Dill bestreuen.

Pro Person:
Kalorien (kcal) 190
Eiweiß (g) 6
Fett (g) 15
Kohlenhydrate (g) 6

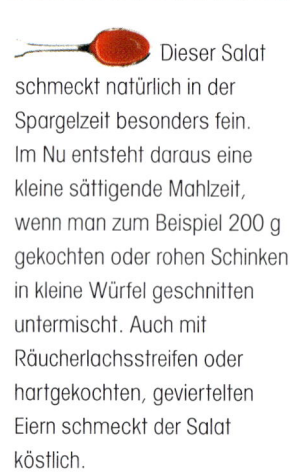 Dieser Salat schmeckt natürlich in der Spargelzeit besonders fein. Im Nu entsteht daraus eine kleine sättigende Mahlzeit, wenn man zum Beispiel 200 g gekochten oder rohen Schinken in kleine Würfel geschnitten untermischt. Auch mit Räucherlachsstreifen oder hartgekochten, geviertelten Eiern schmeckt der Salat köstlich.

Auf die gleiche Weise kann man auch Hopfensprossensalat zubereiten. Die Garzeit der jungen Sprossen beträgt etwa, ähnlich wie bei grünem Spargel, 10 bis 15 Minuten. Wichtig: Ob Spargel- oder Hopfensprossensalat, keinesfalls direkt aus dem Kühlschrank servieren. Beide Gemüsesorten büßen durch Kälte viel von ihrem zarten Aroma ein.

BOHNENSALAT
MIT MORCHELN UND SPECK

Für 4 Personen
Zubereitungszeit: 45 Minuten

500 g junge grüne Bohnen,
am besten Prinzeß- oder
Keniabohnen

Salz

200 g frische Morcheln

1 TL feinwürziger Dijonsenf

2 EL Rotweinessig

5 EL Olivenöl, kaltgepreßt

frisch gemahlener Pfeffer

1 mittelgroße Zwiebel

100 g durchwachsener
Räucherspeck

2 Tomaten

1/2 Bund glatte Petersilie

1. Von den Bohnen die Enden abknipsen. Die Bohnen waschen und in kochendem Salzwasser in etwa 10 Minuten bißfest kochen.

2. Die Morcheln 5 Minuten in kaltes Wasser legen, anschließend einzeln unter fließendem Wasser gründlich reinigen, damit der Sand aus den kleinen Vertiefungen herausgespült wird. Größere Morcheln halbieren.

3. Die gekochten Bohnen in einem Sieb abtropfen lassen, etwas Kochwasser aufbewahren.

4. Senf, Salz und Essig verrühren. Dann unter weiterem Rühren 3 EL Öl dazugießen und mit Pfeffer würzen. Die Bohnen mit der Marinade vermischen und ca. 20 Minuten durchziehen lassen.

5. Zwiebel schälen und wie den Räucherspeck in kleine Würfel schneiden. Die Tomaten häuten, halbieren, entkernen und in kleine Würfel schneiden.

6. Das restliche Öl erhitzen und die Speckwürfel darin ausbraten. Die krossen Speckstücke mit einem Schaumlöffel herausheben, dann die Zwiebel im Bratfett glasig braten. Morcheln dazugeben und kurz anbraten. Mit Salz und Pfeffer würzen und die frisch gehackte Petersilie untermischen.

7. Morcheln und Tomaten unter den Salat mischen, falls nötig nachwürzen und mit den knusprigen Speckwürfeln bestreuen.

Pro Person:
Kalorien (kcal) 360
Eiweiß (g) 7
Fett (g) 29
Kohlenhydrate (g) 12

■ ■ ■ ■ ■ ■ ■ ■ ■ ■ ■ ■

Die etwas kostspieligen Morcheln kann man gut durch Pfifferlinge oder Shiitake-Pilze ersetzen.

■ ■ ■ ■ ■ ■ ■ ■ ■ ■ ■ ■

Suppen

Von der leichtesten Bouillon bis zum deftigen Eintopf –
Gemüse spielt bei allen Suppenvariationen die Hauptrolle.

KLARE GEMÜSEBRÜHE

Klare Brühe aus Gemüse ist ein köstlicher Appetitanreger. Sie kann auch als geschmackvolle Grundlage für andere Gerichte dienen. Sie wird aus mehreren Gemüsesorten zubereitet, doch sollte nicht zuviel Kohl enthalten sein, da er die Brühe leicht dominiert. Durch das Anbraten des Gemüses in Fett entwickelt sich der Eigengeschmack besonders gut.

Gemüse säubern

Alle Gemüsesorten gründlich waschen. Zum Beispiel die Lauchstange der Länge nach halbieren, damit alle Sandteilchen zwischen den Blättern herausgespült werden.

Für 6 Personen
Zubereitungszeit: 1 Stunde

1 Zwiebel
3 große Möhren
1/2 kleine Sellerieknolle
1 Petersilienwurzel
1 Stange Lauch
2 bis 3 Wirsingblätter
2 Stangen Staudensellerie
1 EL Sojaöl oder ein anderes geschmacksneutrales Öl
1 Bund glatte Petersilie
1 Zweig Thymian
1 Lorbeerblatt
1 Nelke
6 schwarze Pfefferkörner
Salz
2 1/2 l Wasser

1. Die Zwiebel mitsamt der Schale in Viertel schneiden. Möhren, Sellerie und Petersilienwurzel putzen, waschen und ungeschält in Stücke schneiden. Die Lauchstange der Länge nach halbieren, gründlich waschen und wie die Wirsingblätter und den Staudensellerie kleinschneiden.
2. Das Öl in einem großen Kochtopf erhitzen und das Gemüse darin anbraten. Petersilie, Kräuter und Gewürze dazugeben, salzen und mit Wasser aufgießen.

3. Bei starker Hitze zum Kochen bringen, dann zurückschalten und bei mäßiger Hitze zugedeckt etwa 50 Minuten köcheln lassen.
4. Die Brühe durch ein feines Sieb gießen und entweder mit einer Einlage servieren oder als Fond für einen Gemüseeintopf oder eine gebundene Gemüsesuppe weiterverwenden. Die angegebene Menge ergibt etwa 1 1/2 l Gemüsebrühe.

Pro Person:
Kalorien (kcal) 12
Eiweiß (g) 1
Fett (g) 0
Kohlenhydrate (g) 1

Gemüse vorbereiten

Das Gemüse mit der Schale in grobe Stücke schneiden, da sich gerade in der äußeren Schicht viele Geschmacks- und Mineralstoffe befinden.

In Fett anbraten

Das Öl in einem großen Kochtopf erhitzen, die Gemüsesorten nach und nach hineingeben und darin unter Rühren anschwitzen, keinesfalls bräunen lassen.

Die Brühe abseihen

Die Gemüsebrühe durch ein feines Sieb abgießen. Das nimmt zwar etwas Zeit in Anspruch, aber nur so bekommt man eine klare Gemüsebrühe.

■ ■ ■ ■ ■ ■ ■ ■ ■ ■ ■ ■ ■

 Am besten gleich eine größere Menge kochen und den nicht benötigten Rest portionsweise einfrieren.
Im Kühlschrank hält sich Gemüsebrühe zugedeckt maximal 2 bis 3 Tage.

■ ■ ■ ■ ■ ■ ■ ■ ■ ■ ■ ■ ■

VERSCHIEDENE SUPPENEINLAGEN

Haben Sie erst einmal die klare Gemüsebrühe zubereitet, bieten sich unzählige Möglichkeiten an, sie immer wieder neu zu variieren.

Je nach Einlage wird die Brühe Auftakt eines Menüs oder eines kalten Abendessens, sie kann auch als leichte, kalorienarme Diätmahlzeit dienen.

1 Gemüsejulienne
Sellerieknolle, Möhren und Lauch in sehr feine Streifen schneiden und etwa 5 Minuten in der Brühe mitgaren.

2 Tomatenwürfel
Tomaten häuten, entkernen und in kleine Würfel schneiden. Einige Minuten in der Brühe mitgaren.

3 Möhrenblüten
Große Möhren in Scheiben schneiden und mit einem Ausstecher in Form bringen. Kurz mitkochen.

4 Pfifferlinge
Möglichst kleine Pfifferlinge putzen und in wenig Butter kurz anrösten. Salzen und in die Brühe geben.

5 Spargelspitzen
Bißfest gekochte Spargelspitzen, grün oder weiß, in der Brühe erhitzen.

6 Kräuter
Entweder gemischte Frühlingskräuter, in feine Streifen geschnitten, oder abgezupfte Kerbelblätter in die Brühe streuen.

7 Bunte Paprikarauten
Paprika in verschiedenen Farben in kleine Rauten schneiden und in der Brühe etwa 5 Minuten mitkochen.

8 Gemüseperlen
Mit einem kleinen Gemüsekugelausstecher Kügelchen aus Zucchini, Möhren oder Kohlrabi formen und in der Brühe in etwa 8 bis 10 Minuten bißfest kochen.

1

2

3

4

5

6

7

8

9

10

11

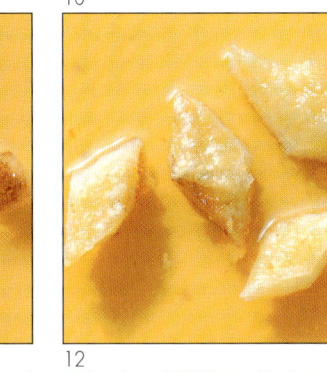

12

13

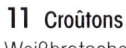

14

15

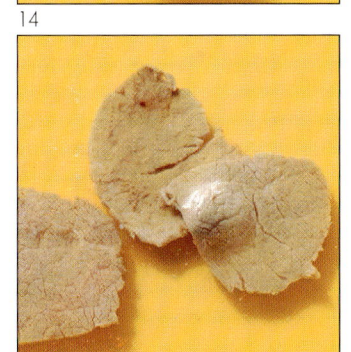

16

9 Sternchen- oder Buchstabennudeln

Nudeln vorher in kochendem Wasser garen und als Einlage in die Brühe geben. Sie sehen besonders gut in einer roten Tomatenbrühe aus.

10 Tortellini

Fertiggekaufte Tortellini vorher bißfest kochen und in der Gemüsebrühe servieren.

11 Croûtons

Weißbrotscheiben in kleine Würfel schneiden und in heißem Fett goldbraun rösten.

12 Käsecroûtons

Weißbrot mit Käse bestreuen und überbacken, anschließend in kleine Würfel schneiden.

13 Flädle

Hauchdünn gebackene Eierkuchen werden abgekühlt aufgerollt und in feine Streifen geschnitten.

14 Eigelb

Pro Person 1 rohes Eigelb in die kochendheiße Gemüsebrühe geben.

15 Fischscheibchen

Hauchdünn geschnittenen rohen Fisch in Suppenteller geben und mit kochendheißer Brühe begießen.

16 Rindfleischscheiben

Hauchdünn geschnittenes Rinderfilet in Suppenteller geben und mit kochendheißer Brühe begießen.

Man kann die Suppe auch mit etwas gehaltvolleren Einlagen anreichern:

Grießnockerl

50 g weiche Butter

Salz

frisch geriebene Muskatnuß

2 kleine Eier

ca. 100 g Hartweizengrieß

Die Butter mit Salz, Muskat und den Eiern zu einer Schaummasse rühren. Nach und nach den Grieß hinzufügen. Den Teig 15 Minuten quellen lassen. Dann mit zwei nassen Teelöffeln Nockerl abstechen und in 15 Minuten bei schwacher Hitze gar ziehen lassen.

Käsenockerl

40 g Butter

2 kleine Eier

30 g frisch geriebener Käse

3 bis 4 EL Paniermehl

Salz

frisch gemahlener Pfeffer

etwas Paprika, edelsüß

Butter und Eier cremig rühren. Käse und so viel Paniermehl hinzufügen, bis eine formbare Masse entsteht. Mit zwei nassen Teelöffeln Nockerl abstechen und im siedenden Wasser 6 bis 8 Minuten gar ziehen lassen.

Eierschwämmchen

40 g flüssige Butter

80 g Mehl

2 kleine Eier

Salz

frisch gemahlener Pfeffer

frisch geriebene Muskatnuß

Die Butter in eine Schüssel geben und unter Rühren Mehl und Eier dazugeben. Den.Teig gut verrühren, mit Salz, Pfeffer und Muskat würzen. Mit zwei nassen Teelöffeln Nockerl abstechen und im siedenden Wasser 6 bis 8 Minuten gar ziehen lassen.

KLARE TOMATENSUPPE
MIT KNOBLAUCHCROÛTONS

Das Grundrezept für die Gemüsebrühe (von Seite 59) läßt sich leicht variieren, indem man statt mehrerer Gemüsesorten nur eine verwendet: Hier sind es die Tomaten, im gegenüberliegenden Rezept ist es der Spargel.

Für 4 Personen
Zubereitungszeit: 40 Minuten

800 g vollreife Tomaten

2 Stangen Staudensellerie

1 Schalotte

2 EL Olivenöl

1 Zweig Thymian

1 TL Rosmarin

1/2 Lorbeerblatt

4 weiße Pfefferkörner

1 Prise Zucker

Salz

1/2 l Gemüse- oder

Fleischbrühe

2 Scheiben altbackenes

Weißbrot

2 EL Olivenöl

1 Knoblauchzehe

20 g gesalzene Butter

einige Basilikumblätter

1. Die Tomaten waschen und vierteln. Staudensellerie und geschälte Schalotte in Stücke schneiden und im erhitzten Öl anschwitzen.

2. Tomaten, Kräuter, Pfefferkörner und Zucker dazugeben, salzen und mit Brühe aufgießen. Einmal aufkochen lassen, dann zugedeckt bei schwacher Hitze 30 Minuten ziehen lassen.

3. Das Brot in winzig kleine Würfel schneiden. Knoblauchzehe schälen und durch eine Presse in das nicht zu heiße Öl drücken. Die Brotwürfel bei mäßiger Hitze goldbraun rösten.

4. Die Tomatensuppe durch ein feines Sieb gießen, keinesfalls passieren, damit die Brühe klar bleibt.

5. Die Tomatenbrühe noch etwas einkochen lassen, von der Kochstelle nehmen und die kalte Butter in kleinen Flöckchen mit einem Schneebesen unter die Suppe schlagen.

6. Auf vier Suppentassen verteilen und mit feingeschnittenen Basilikumblättern bestreuen. Die Croûtons bei Tisch in die Suppe geben.

Pro Person:
Kalorien (kcal) 140
Eiweiß (g) 2
Fett (g) 12
Kohlenhydrate (g) 6

■ ■ ■ ■ ■ ■ ■ ■ ■ ■ ■ ■

Anstelle der Brühe kann man auch Kalbsfond verwenden – die Suppe wird dann kräftiger im Geschmack. Gießt man das Gemüse mit Milch auf, wird die Suppe besonders samtig und auf eine zusätzliche Anreicherung kann verzichtet werden.

■ ■ ■ ■ ■ ■ ■ ■ ■ ■ ■ ■

SPARGELCONSOMMÉ
MIT GEFLÜGELKLÖSSCHEN

Für 4 Personen
Zubereitungszeit: 45 Minuten

1 Kalbsknochen

Salz

250 g Bruchspargel

1 Prise Zucker

20 g Butter

Für die Klößchen:

150 g Hähnchenbrustfleisch

2 bis 3 EL Crème fraîche

1 geh. TL Speisestärke

gemahlener weißer Pfeffer

Cayennepfeffer

etwas abgeriebene

Zitronenschale

einige frische Kerbelzweige

1. Den Kalbsknochen mit 1 1/2 l Salzwasser zum Kochen bringen.

2. Die Spargelstangen waschen, schälen und die holzigen Enden entfernen. Schalen und Abschnitte mit Zucker und Butter in die Kalbsbrühe geben und bei mäßiger Hitze 15 Minuten köcheln lassen. Mit dem Schaumlöffel die Schalen entfernen. Nun die Stangen dazugeben und in 15 bis 20 Minuten bißfest garen.

3. Das gut gekühlte Hähnchenfleisch in der Küchenmaschine fein pürieren, dabei die Crème fraîche und Speisestärke einarbeiten. Mit Salz, Pfeffer, Cayenne und Zitronenschale würzen und rasch zu einer glatten Masse verarbeiten.

4. Die Spargelstangen aus der Kochflüssigkeit heben. Die Spargelbrühe durch ein Sieb gießen, erneut zum Kochen bringen und etwas einkochen lassen.

5. Aus der Geflügelmasse olivengroße Nockerl formen und in der Consommé in wenigen Minuten bei schwacher Hitze gar ziehen lassen. Mit abgezupften Kerbelblättchen bestreut servieren.

Pro Person:
Kalorien (kcal) 120
Eiweiß (g) 10
Fett (g) 6
Kohlenhydrate (g) 3

■ ■ ■ ■ ■ ■ ■ ■ ■ ■ ■ ■ ■

Das Hähnchenfleisch kann auch durch Kalbfleisch ersetzt werden. Außerdem harmoniert Fisch sehr gut mit dem feinen Spargelaroma. Versuchen Sie deshalb die Consommé einmal mit zarten Fischklößchen aus Lachs- oder Hechtfleisch. Kurz in Butter geschwenkte Garnelen oder Scampi ergeben ebenso eine delikate Einlage.

■ ■ ■ ■ ■ ■ ■ ■ ■ ■ ■ ■ ■

PÜRIERTE GEMÜSESUPPE

Sie ist ein kulinarisches Vergnügen, denn der feine Geschmack von Gemüse kommt beim Pürieren besonders gut zur Geltung. Als Kreationen der Nouvelle cuisine haben die cremigen Suppen Popularität erlangt und ihren schlechten Ruf als Dickmacher abgelegt, denn in Wahrheit sind sie kalorienarm, sofern sie mehr mit Wurzelgemüse und Hülsenfrüchten als mit Sahne gebunden werden.

Für 4 Personen
Zubereitungszeit: 35 Minuten

500 g verschiedene Gemüsesorten, z. B. Möhren, Kohlrabi, Erbsen, Petersilienwurzel, Lauch, Broccoli oder Blumenkohl

1 mittelgroße Kartoffel

2 EL Öl

Salz, weißer Pfeffer

$^3/_4$ l Fleischbrühe

Zum Verfeinern:

$^1/_8$ l Sahne oder

30 g Butter oder

1 bis 2 EL Crème fraîche

Zum Bestreuen:

gehackte Petersilie oder gemischte Kräuter

1. Die Gemüsesorten putzen, waschen, je nach Sorte schälen und kleinschneiden. Die Kartoffel waschen, schälen und in große Würfel schneiden.
2. Das Öl erhitzen und das Gemüse darin anschwitzen. Mit der Hälfte der Brühe aufgießen, salzen und pfeffern und zum Kochen bringen. Zugedeckt bei mäßiger Hitze in etwa 20 bis 25 Minuten weichkochen.

3. Das Gemüse am besten mit Hilfe eines Pürierstabes oder portionsweise im Mixer fein pürieren. Den Gemüsebrei mit der restlichen Flüssigkeit aufgießen und erneut zum Kochen bringen. Falls nötig, noch etwas Flüssigkeit hinzufügen, bis die Suppe die gewünschte Konsistenz hat. Extrafein wird die Suppe, wenn man sie nach dem Pürieren durch ein Sieb passiert.
4. Noch einmal würzig abschmecken und entweder mit Petersilie oder Kräutern bestreut servieren oder vorher zusätzlich mit Sahne, Crème fraîche oder Butter verfeinern.

Pro Person
(ohne die Verfeinerung):
Kalorien (kcal) 95
Eiweiß (g) 3
Fett (g) 6
Kohlenhydrate (g) 7

■ ■ ■ ■ ■ ■ ■ ■ ■ ■ ■ ■ ■ ■

Soll es eine angenehm sämige Suppe werden, ist es ratsam, eine in Stücke geschnittene, mehligkochende Kartoffel mitzugaren. Achten Sie bei der Gemüseauswahl auf ein ausgewogenes Mischungsverhältnis oder verleihen Sie der Suppe durch die Dominanz einer Gemüseart eine ganz spezielle Note.

■ ■ ■ ■ ■ ■ ■ ■ ■ ■ ■ ■ ■ ■

Gemüseauswahl
Wählen Sie die Gemüsesorten nach dem Angebot der Jahreszeit aus: Im Winter z. B. Petersilienwurzeln, Rosenkohl, Sellerieknolle, Möhren, Fenchel oder Lauch.

Suppe kochen
Nur mit der Hälfte der Flüssigkeit aufgießen und das Gemüse mehr dünsten als kochen. So können sich die Aromastoffe besser entwickeln. Den Topf mit einem Deckel verschließen.

Die Suppe pürieren
Am einfachsten ist es, die Gemüsesuppe gleich im Topf mit einem Pürierstab zu zerkleinern. Es geht aber auch, am besten portionsweise, mit einem Mixer oder wie hier mit der Flotten Lotte.

Die Suppe verfeinern
Soll die Suppe völlig glatt und ohne gröbere Bestandteile sein, streicht man sie durch ein feines Sieb und schlägt sie mit einem Pürierstab noch einmal schaumig auf.

ZUCCHINICREME-SUPPE

Da Zucchini ein feines Aroma haben, gehen sie mit Räucherfisch eine sehr aparte Verbindung ein. Das richtige Mischungsverhältnis ist wichtig, mehr Fisch würde den Eigengeschmack des Gemüses überdecken. Beim Einkauf der Zucchini sollten Sie kleine, feste Früchte wählen.

Für 4 Personen
Zubereitungszeit: 30 Minuten

4 kleine Zucchini, ca. 500 g

2 Schalotten

1 Knoblauchzehe

150 g Schillerlocken

20 g Butter oder Margarine

2 EL Öl

$^1/_2$ l kräftige Fleischbrühe

$^1/_4$ l trockener Weißwein

Salz

gemahlener weißer Pfeffer

$^1/_8$ l Sahne

1. Die Zucchini waschen und der Länge nach halbieren. Eine Hälfte beiseite legen, den Rest in Würfel schneiden. Schalotten und Knoblauch schälen und würfeln. 50 g vom Räucherfisch beiseite legen, den Rest kleinschneiden.
2. Butter und 1 EL Öl in einem Topf erhitzen und Schalotten- und Knoblauchwürfel darin anschwitzen. Gemüse und Räucherfisch dazugeben, mitandünsten und mit Brühe und Wein aufgießen. Salzen und pfeffern und zugedeckt bei mäßiger Hitze in etwa 15 bis 20 Minuten weichkochen.

3. Inzwischen die zurück-behaltene Zucchinihälfte in winzige Würfel schneiden. Das restliche Öl in einer beschichteten Pfanne erhitzen und die Gemüsewürfel darin goldbraun rösten.
4. Die Schillerlocke in kleine Würfel schneiden, die Sahne steif schlagen.
5. Die Zucchinisuppe mit einem Pürierstab oder im Mixer fein pürieren und durch ein Sieb streichen.
6. Noch einmal erhitzen und die geschlagene Sahne unterziehen. Die Suppe sofort auf Teller verteilen und mit Zucchini- und Fischwürfeln bestreut servieren.

Pro Person:
Kalorien (kcal) 380
Eiweiß (g) 11
Fett (g) 29
Kohlenhydrate (g) 6

 Wesentlich kalorienärmer wird die Suppe, wenn man die Schillerlocken durch geräuchertes Forellen-filet ersetzt.

ITALIENISCHE TOMATENSUPPE MIT PARMESAN

Am besten schmeckt diese Suppe, wenn die Tomaten frisch und gut sonnengereift sind. Denn nur die aus dem Freiland reif geernteten Tomaten können ihr volles Aroma entwickeln.

Für 4 Personen
Zubereitungszeit: 30 Minuten

2 Zwiebeln

2 Knoblauchzehen

1 kg vollreife Tomaten

3 EL Olivenöl

1 TL Zucker

Salz

frisch gemahlener Pfeffer

1 Zweig Thymian

1 Zweig Rosmarin

1 Lorbeerblatt

$1/2$ l Fleischbrühe

$1/8$ l Sahne

einige Basilikumblätter

frisch geriebener Parmesan

nach Geschmack

1. Zwiebeln und Knoblauch schälen und in Würfel schneiden. Die Tomaten waschen und vierteln.
2. Das Öl in einem Kochtopf erhitzen und die Zwiebel- und Knoblauchwürfel darin anschwitzen. Die Tomaten sowie Gewürze und Kräuter hinzufügen und gründlich vermischen. Mit der Fleischbrühe aufgießen und zugedeckt bei mäßiger Hitze 25 Minuten köcheln lassen.

3. Die Suppe durch ein Sieb streichen oder durch die Flotte Lotte passieren. Noch einmal erhitzen und falls nötig nachwürzen. Die Sahne steif schlagen.
4. Die Suppe auf Teller verteilen, jeweils in die Mitte einen Klecks Sahne geben und mit den in Streifen geschnittenen Basilikumblättern bestreuen. Mit Parmesan bedient sich jeder nach eigenem Geschmack.

Pro Person:
Kalorien (kcal) 230
Eiweiß (g) 4
Fett (g) 18
Kohlenhydrate (g) 11

■ ■ ■ ■ ■ ■ ■ ■ ■ ■ ■ ■ ■ ■

Soll die Tomatensuppe sättigender sein, kann man sie mit Nudeln, körnig gekochtem Reis oder mit Brotwürfeln anreichern. Auch mit Fleisch- oder Fischklößchen schmeckt die Suppe köstlich.

■ ■ ■ ■ ■ ■ ■ ■ ■ ■ ■ ■ ■ ■

GAZPACHO

Diese kalte Gemüsesuppe stammt aus Andalusien, wo sie als eisgekühltes Erfrischungsgetränk oder Aperitif sogar an der Bar in Gläsern ausgeschenkt wird. Es gibt viele Variationen in der Zubereitung, aber immer sollten die Zutaten von allerbester Qualität sein, vor allem das Öl und der Essig.

Für 6 Personen
Zubereitungszeit: 10 Minuten
Kühlzeit: einige Stunden

200 g Weißbrot ohne Kruste

$^1/_2$ l kalte Fleischbrühe

3 bis 4 EL Sherryessig

700 g vollreife Tomaten

2 grüne Paprikaschoten

700 g Salatgurke

4 bis 5 Knoblauchzehen

6 EL Olivenöl, kaltgepreßt

2 mittelgroße Zwiebeln

Salz

frisch gemahlener Pfeffer

1. 150 g Weißbrot in Würfel schneiden. Fleischbrühe und Essig vermischen, das Brot damit begießen und 10 Minuten einweichen.
2. Die Tomaten kurz in kochendes Wasser tauchen, Stengelansätze entfernen. Die Tomaten häuten, entkernen und bis auf eine Tomate klein-schneiden. Paprika putzen, waschen und entkernen, die Gurke schälen und mit einem Löffel die Kerne herauskratzen. Beide Gemüsesorten in kleine Stücke schneiden, dabei je 100 g Gemüse im Ganzen aufbewahren. Knoblauch und Zwiebeln schälen, die Zwiebeln in kleine Würfel schneiden, die Knoblauchzehen durch eine Presse drücken.

3. Portionsweise etwas Brot und kleingeschnittenes Gemüse ohne Zwiebeln und Knoblauch im Mixer pürieren und in eine Suppenterrine geben. Mit durchgepreßtem Knoblauch, 1 EL Zwiebel-würfeln und 4 EL Öl verrühren, mit Salz und Pfeffer würzen und einige Stunden im Kühlschrank kühlen.
4. Für die Garnitur das restliche Weißbrot und das zurückbehaltene Gemüse in kleine Würfel schneiden. Das Weißbrot im restlichen Öl goldbraun braten und alles getrennt in kleinen Schälchen zu der eisgekühlten Suppe reichen.

Pro Person:
Kalorien (kcal) 230
Eiweiß (g) 6
Fett (g) 11
Kohlenhydrate (g) 25

DUBARRY-SUPPE

Madame Du Barry war die Mätresse von Ludwig XV., und da dieser den Blumenkohl sehr schätzte, benannte man alle Gerichte aus diesem Gemüse, die seine besondere Zustimmung fanden, nach der Dame seines Herzens. Die köstlich-cremige Suppe wird auch Samtsuppe genannt.

Für 4 Personen
Zubereitungszeit: 35 Minuten

1 kleiner Blumenkohl, ca. 500 g

1 mittelgroße, mehligkochende Kartoffel

$1/2$ l Vollmilch

$1/4$ l Fleischbrühe

Salz

gemahlener weißer Pfeffer

etwas frisch geriebene Muskatnuß

etwas Zitronensaft

$1/8$ l Sahne

1 Eigelb

einige Kerbelzweige oder etwas gehackte Petersilie

1. Blumenkohl putzen und in kleine Röschen teilen. Kartoffel schälen und in Würfel schneiden.
2. Fleischbrühe und Milch erhitzen und Blumenkohl und Kartoffel darin in 20 Minuten bei schwacher Hitze weichkochen.

3. Mit einem Pürierstab oder im Mixer sehr fein pürieren. Falls die Suppe besonders feincremig sein soll, durch ein feines Sieb streichen. Mit Salz, Pfeffer, Muskat und Zitrone würzig abschmecken und noch einmal erhitzen.
4. Sahne und Eigelb gründlich verquirlen, die Suppe damit legieren und keinesfalls mehr kochen lassen. Mit abgezupften Kerbelblättchen oder feingehackter Petersilie bestreut servieren.

Pro Person:
Kalorien (kcal) 260
Eiweiß (g) 10
Fett (g) 17
Kohlenhydrate (g) 16

■ ■ ■ ■ ■ ■ ■ ■ ■ ■ ■ ■ ■

Nach dem gleichen Prinzip lassen sich aus vielen Gemüsesorten cremige Gemüsesuppen zubereiten. Ersetzen Sie zum Beispiel den Blumenkohl durch Broccoli, Möhren, Knollensellerie, Rote Bete, Spargel, junge Erbsen oder Paprika. Mit Lauch zubereitet, entsteht daraus die berühmte *Vichyssoise,* die dann allerdings – nach dem Originalrezept – gut gekühlt sein muß.

■ ■ ■ ■ ■ ■ ■ ■ ■ ■ ■ ■ ■

ITALIENISCHE GEMÜSESUPPE

Diese Suppe ist unter ihrem heimischen Namen Minestrone international bekannt als eine sättigende Gemüsesuppe mit Nudel- oder Reiseinlage. Sie wird grundsätzlich aus frischem Gemüse der Saison hergestellt und schmeckt daher zu jeder Jahreszeit anders. Darüber hinaus hat jede italienische Hausfrau ihr Geheimrezept, so daß dem Abwechslungsreichtum keine Grenzen gesetzt sind.

Für 6 Personen
Zubereitungszeit:
1 Stunde 30 Minuten

100 g weiße
getrocknete Bohnen

150 g durchwachsener
Räucherspeck

1 Zwiebel

2 Knoblauchzehen

1 Stange Lauch

2 Möhren

2 Stangen Staudensellerie

1/2 Fenchelknolle

2 Kartoffeln

2 kleine Zucchini

100 g grüne Bohnen

4 bis 5 Wirsingblätter

100 g ausgepalte Erbsen

3 EL Olivenöl

1 1/2 l Fleischbrühe

Salz

frisch gemahlener Pfeffer

1 getrocknete Pfefferschote

3 Fleischtomaten

100 g Spaghetti

je 1/2 Bund Petersilie
und Basilikum

frisch geriebener Parmesan
zum Bestreuen

1. Die Bohnen über Nacht in reichlich kaltem Wasser einweichen.

2. Die einzelnen Gemüsesorten putzen, waschen und wie den Speck in kleine Würfel schneiden.

3. Das Öl in einem großen Kochtopf erhitzen. Erst die Speckwürfel, dann die Zwiebel- und Knoblauchwürfel darin glasig braten. Das klein-geschnittene Gemüse (ohne die Tomaten) und die eingeweichten Bohnen hinzu-geben und etwa 10 Minuten andünsten. Mit der Fleisch-brühe aufgießen und mit Salz, Pfeffer und zerbröselter Pfeffer-schote würzen. Zugedeckt bei schwacher Hitze 1 Stunde köcheln lassen.

4. Die Tomaten häuten, ent-kernen und in kleine Würfel schneiden. Petersilie und Basilikum fein hacken und die Hälfte davon mit den Tomaten und den in kleine Stücke gebrochenen Spaghetti in die Gemüsesuppe geben. 12 bis 15 Minuten mitgaren lassen.

5. Die restlichen Kräuter unter die Suppe mischen und mit Parmesan bestreut servieren.

Pro Person:
Kalorien (kcal) 390
Eiweiß (g) 13
Fett (g) 23
Kohlenhydrate (g) 29

Gemüse vorbereiten
Alle Gemüsesorten gründlich waschen, putzen und je nach Art in feine Scheiben, kleine Würfel oder dünne Streifen schneiden.

Speck anbraten
Öl erhitzen und Speck-, Zwiebel- und Knoblauchwürfel darin glasig anbraten, aber keinesfalls bräunen lassen.

Gemüse andünsten
Das Gemüse bis auf die Tomaten dazugeben und unter Rühren mit einem Holzlöffel ca. 10 Minuten andünsten.

Mit Brühe auffüllen
und bei schwacher Hitze köcheln lassen. Im Frühling, wenn das verwendete Gemüse besonders zart ist, reicht meist eine Kochzeit von 40 Minuten.

Nudeln dazugeben
Zum Schluß die Nudeln, Tomatenwürfel und die Hälfte der Kräuter unter die Suppe mischen und 15 Minuten bei mäßiger Hitze fertig garen lassen.

GEMÜSESUPPE MIT KRÄUTERPASTE

Kräuterpasten gehören zu den Spezialitäten der südeuropäischen Küche. Der hier verwendete südfranzösische Pistou ist das Pendant zum italienischen Pesto, der im Genuesischen zu Hause ist. Am besten schmecken die Pasten, wenn sie in einem Mörser zubereitet werden. Darin werden alle Zutaten zu einem festen Brei zerstoßen und mit Olivenöl zu einer cremigen Konsistenz verfeinert.

Für 6 Personen
Zubereitungszeit: 1 Stunde

250 g grüne Bohnen

1 große Möhre

2 kleine Zucchini

1 mittelgroße Stange Lauch

250 g gelber Kürbis

(evtl. aus dem Glas)

500 g mehligkochende

Kartoffeln

4 große Tomaten

5 EL Olivenöl

500 g frische Bohnenkerne

Salz

100 g Fadennudeln

Für die Kräuterpaste (Pistou):

2 bis 3 Knoblauchzehen

$1/2$ TL grobes Salz

1 großes Bund Basilikum

50 g Parmesankäse

$1/8$ l Olivenöl, kaltgepreßt

frisch gemahlener Pfeffer

1. Gemüse waschen und putzen. Bohnen in $1/2$ cm dicke Stücke, Möhren und Zucchini in ebenso dicke Scheiben schneiden. Den Lauch in feine Ringe und den Kürbis und die geschälten Kartoffeln in Würfel schneiden. Die Tomaten blanchieren, häuten, entkernen und in Stücke teilen.
2. Das Öl erhitzen und das Gemüse unter Rühren darin anschwitzen. Es darf keine Farbe annehmen.
3. Bohnenkerne dazugeben, salzen und mit soviel Wasser aufgießen, daß das Gemüse völlig bedeckt ist. 30 Minuten köcheln lassen, dann die Nudeln untermischen und in 10 Minuten fertig garen.
4. Währenddessen für den Pistou die geschälten Knoblauchzehen, Salz, die kleingezupften Basilikumblätter und den zerbröckelten Parmesan entweder im Mörser oder im Mixer pürieren, dabei nach und nach das Öl dazugießen.
5. Die fertige Suppe mit Pfeffer abschmecken. Bei Tisch etwas von der Kräuterpaste unter die Suppe rühren.

Pro Person:
Kalorien (kcal) 615
Eiweiß (g) 19
Fett (g) 33
Kohlenhydrate (g) 58

GEMÜSESUPPE MIT KÄSENOCKERL

Für 4 Personen
Zubereitungszeit: 40 Minuten

250 g Möhren

$^1/_2$ kleine Sellerieknolle

1 Petersilienwurzel

1 mittelgroßer Kohlrabi

1 mittelgroße mehlig-
kochende Kartoffel

50 g durchwachsener
Räucherspeck

Salz

1 l Fleischbrühe

Für die Käsenockerl:

30 g Butter

1 Ei

2 EL Paniermehl

1 TL Mehl

2 EL geriebener Käse,
z. B. Emmentaler

Salz

frisch gemahlener Pfeffer

geriebene Muskatnuß

$^1/_2$ Bund glatte Petersilie

1. Gemüse und Kartoffel waschen, schälen und auf der groben Seite einer Rohkostreibe oder in einer Küchenmaschine raspeln.
2. Den Räucherspeck in kleine Würfel schneiden, in einen Kochtopf geben und bei mäßiger Hitze glasig braten. Nach und nach das Gemüse dazugeben und 10 Minuten andünsten.
3. Mit der Fleischbrühe aufgießen und 20 Minuten köcheln lassen.

4. Währenddessen für die Nockerl die Butter cremig rühren. Nach und nach das Ei, Paniermehl, Mehl und geriebenen Käse hinzufügen und mit Salz, Pfeffer und Muskat würzig abschmecken. Den Teig 10 Minuten quellen lassen, dann mit Hilfe von zwei Teelöffeln Nockerl abstechen und in die Gemüse-suppe geben. In wenigen Minuten gar ziehen lassen.
5. Die Petersilie fein hacken und die Suppe damit bestreuen.

Pro Person:
Kalorien (kcal) 270
Eiweiß (g) 8
Fett (g) 19
Kohlenhydrate (g) 15

■ ■ ■ ■ ■ ■ ■ ■ ■ ■ ■ ■ ■

Anstelle der Käsenockerl schmecken auch Bratnockerl köstlich in dieser Suppe. Hierfür 200 g Kalbsbrät mit 2 Eigelb verrühren. Etwa 2 EL Paniermehl und 1 EL gehackte Petersilie unterrühren. Mit Salz, Pfeffer und abgeriebener Zitronen-schale würzen, kleine Nockerl daraus formen und in der Gemüsesuppe gar ziehen lassen.

■ ■ ■ ■ ■ ■ ■ ■ ■ ■ ■ ■ ■

PILZSUPPE MIT SPECKKNÖDELN

Für 4 Personen
Zubereitungszeit: 45 Minuten

3 Schalotten

500 g gemischte Zuchtpilze,

z. B. Champignons, Egerlinge,

Austernpilze und Shiitake-Pilze

1 Bund glatte Petersilie

30 g Butter

Salz

frisch gemahlener Pfeffer

4 cl Fino-Sherry

1/2 l Fleischbrühe

1/4 l Sahne

Für die Speckknödel:

4 feingeschnittene

altbackene Brötchen

200 ml heiße Milch

1 kleine Zwiebel

50 g durchwachsener

Räucherspeck

1 Ei

Salz

Pfeffer

außerdem:

1 Eigelb

1 EL Crème fraîche

1. Die Schalotten abziehen und in Würfel schneiden, die Pilze putzen und in kleine Stücke schneiden. Die Petersilie fein hacken.

2. Die Butter erhitzen und die Schalotten darin glasig braten. Die Pilze und die Hälfte der Petersilie hinzugeben, andünsten und mit Salz und Pfeffer würzen. Mit Sherry ablöschen und bei starker Hitze etwas einkochen lassen. Mit Fleischbrühe und Sahne aufgießen und bei mäßiger Hitze im offenen Topf etwa 15 Minuten kochen lassen.

3. In einem zweiten Topf reichlich Salzwasser zum Kochen bringen.

4. Die Brötchen mit Milch übergießen und kurz ziehen lassen. Speck und abgezogene Zwiebel würfeln. Den Speck in einer Pfanne ausbraten, die Zwiebelwürfel darin glasig werden lassen. Mit dem Ei unter die eingeweichten Brötchen mischen und mit Salz abschmecken. Acht kleine Knödel daraus formen und in siedendem Salzwasser in 8 Minuten garen.

5. Eigelb mit Crème fraîche verquirlen und die Pilzsuppe damit legieren. Die gut abgetropften Knödel in der Suppe anrichten. Mit der restlichen Petersilie bestreuen.

Pro Person:
Kalorien (kcal) 610
Eiweiß (g) 14
Fett (g) 42
Kohlenhydrate (g) 38

 Noch aromatischer schmeckt die Suppe aus frischen Waldpilzen, z. B. Steinpilzen, Pfifferlingen, Rotkappen oder Butterpilzen!

SCHNIPPELBOHNEN-SUPPE

Diese sattmachende Suppe liebt man in Westfalen und im Rheinland über alles. Früher standen dort in fast jedem Haushalt große Steintöpfe, in denen die mit Salz konservierten Schnippelbohnen, ähnlich wie Sauerkraut, den Gemüsebedarf in den Wintermonaten deckten. Heutzutage wird der Eintopf überwiegend aus frischen Stangenbohnen zubereitet. Die Hausfrauen in diesen Regionen haben dafür eine spezielle Schnippelbohnenmaschine!

Für 4 Personen
Zubereitungszeit: 40 Minuten

500 g Stangenbohnen

2 Zwiebeln

100 g durchwachsener Räucherspeck

2 mittelgroße mehligkochende Kartoffeln

1 EL Mehl

Salz

frisch gemahlener Pfeffer

1 l Fleischbrühe

1 bis 2 Zweige Bohnenkraut

4 geräucherte Mettwürstchen

1/2 Bund glatte Petersilie

1. Die Bohnen waschen, entfädeln und mit einem Messer in schräge, dünne Scheiben schneiden. Die Zwiebeln abziehen, die Kartoffeln schälen. Zwiebeln, Kartoffeln und Räucherspeck in kleine Würfel schneiden.

2. Die Speckwürfel in einem Topf ausbraten, dann die Zwiebeln und nach und nach die Kartoffeln und die Bohnen hinzufügen. Kurz andünsten, mit Mehl bestäuben, mit Salz und Pfeffer würzen und das Bohnenkraut dazugeben. Mit der Brühe aufgießen, umrühren und zum Kochen bringen. Bei mäßiger Hitze zugedeckt etwa 20 Minuten kochen lassen.

3. Die Mettwürstchen mit einer Gabel mehrmals einstechen und noch 10 Minuten in der Suppe mitkochen lassen. Mit frischgehackter Petersilie bestreut servieren.

Pro Person:
Kalorien (kcal) 715
Eiweiß (g) 19
Fett (g) 57
Kohlenhydrate (g) 23

■ ■ ■ ■ ■ ■ ■ ■ ■ ■ ■ ■ ■

Rheinländische Hausfrauen reiben manchmal die Kartoffeln in die Suppe und verzichten auf die Mehlbindung. Wird eine frische Rindfleischbrühe verwendet, gibt man das gekochte Fleisch in Stücke geschnitten zu der Suppe.

■ ■ ■ ■ ■ ■ ■ ■ ■ ■ ■ ■ ■

Beilagen

Gemüsebeilagen, gemischt oder solo, bringen Frische auf den Tisch,
sie krönen das Menü und runden es durch Farbakzente ab.

ROTKOHL

Dies ist wohl die beliebteste deutsche Gemüsebeilage, die es in allen Regionen gibt. Im Süden sagt man Rotkraut oder auch Blaukraut, aber die Zubereitungsweise ist immer gleich. Wichtig ist, daß das Gemüse nicht zerkocht und matschig sein darf.

Für 4 Personen
Vorbereitungszeit: 20 Minuten
Zubereitungszeit: 1 Stunde

1 kg Rotkohl

2 große Äpfel, z. B. Boskop

50 g Schweine-, Gänse- oder Butterschmalz

1 EL Zucker

1 Zwiebel

1 Lorbeerblatt

2 Gewürznelken

Salz

2 EL Rotweinessig

$1/8$ l trockener Rotwein

$1/8$ l Wasser

1. Vom Rotkohl die äußeren Blätter entfernen, den Kopf halbieren und den Strunk herausschneiden. Die Kohlhälften entweder auf einem Gurkenhobel oder mit einem Messer in feine Streifen schneiden. Die Äpfel vierteln, die Kerngehäuse entfernen. Die Äpfel schälen und kleinschneiden.

2. Das Schmalz in einem Topf erhitzen, die Apfelstücke hineingeben, mit Zucker bestreuen und unter Rühren leicht karamelisieren lassen. Nun den Kohl dazugeben und andünsten. Die geschälte Zwiebel mit dem Lorbeerblatt belegen, mit den Nelken feststecken und zum Kohl geben. Salzen, mit Essig beträufeln und mit Rotwein und Wasser aufgießen. Gut vermischen und zugedeckt bei schwacher Hitze ca. 40 Minuten garen lassen, dabei zwischendurch umrühren. Das Gemüse soll noch Biß haben.

Pro Person:
Kalorien (kcal) 230
Eiweiß (g) 3
Fett (g) 13
Kohlenhydrate (g) 18

Mischt man 1 bis 2 EL Preiselbeeren unter den fertigen Rotkohl, schmeckt das Gemüse noch raffinierter. Rotkohl paßt zu Schweine-, Gänse- und Entenbraten ebenso wie zu Wildgerichten. Die Auswahl der Schmalzsorte richtet sich danach, wozu das Gemüse gereicht wird.

BAYERISCHES KRAUT

SAUERKRAUT

Für 4 Personen
Vorbereitungszeit: 15 Minuten
Zubereitungszeit: 40 Minuten

1 kg Weißkraut (Weißkohl)

50 g durchwachsener
Räucherspeck

1 Zwiebel

30 g Schweineschmalz

1 TL Kümmel

1 TL Zucker

2 EL Weißweinessig

Salz

$^1/_4$ l Fleischbrühe

1. Vom Kohl die äußeren Blätter
entfernen, den Kopf halbieren
und den Strunk heraus-
schneiden. Die Hälften in feine
Streifen, Zwiebel und Speck in
kleine Würfel schneiden.

2. Das Schweineschmalz
erhitzen, Zwiebel- und Speckwürfel darin glasig braten. Mit
Kümmel und Zucker bestreuen
und unter Rühren goldgelb
werden lassen. Das Kraut
dazugeben und kurz
mitanbraten.
3. Mit Essig beträufeln, salzen
und mit der Fleischbrühe
aufgießen. Zugedeckt bei
schwacher Hitze in etwa
30 Minuten weich dünsten.
Das Kraut eignet sich als
Beilage zu Bratwürsten,
gebratenen Koteletts oder
Kasseler.

Pro Person:
Kalorien (kcal) 210
Eiweiß (g) 4
Fett (g) 16
Kohlenhydrate (g) 9

Für 4 Personen
Vorbereitungszeit: 5 Minuten
Zubereitungszeit: 40 Minuten

750 g Sauerkraut

1 Zwiebel

30 g Schweineschmalz

$^1/_8$ l Weißwein, z. B. Riesling

$^1/_4$ l Wasser

1 Prise Zucker

Salz

1 Lorbeerblatt

je 5 zerdrückte Wacholder-
beeren und Pfefferkörner

$^1/_2$ TL Kümmel

1 Stück Räucherspeckschwarte

1 mehligkochende Kartoffel

1. Das Sauerkraut probieren:
Falls es zu sauer ist, mit kaltem
Wasser ausspülen. Die
Zwiebel in Würfel schneiden
und im erhitzten Schmalz
glasig braten. Das Kraut hineingeben, kurz andünsten und mit
Wein und Wasser aufgießen.
2. Zucker, Salz, Gewürze und
den Speck dazugeben,
gründlich vermischen und
zugedeckt 20 Minuten köcheln
lassen.
3. Die geschälte Kartoffel fein
reiben, unter das Sauerkraut
mischen und in weiteren 10 bis
15 Minuten sämig kochen
lassen.

Pro Person:
Kalorien (kcal) 125
Eiweiß (g) 4
Fett (g) 8
Kohlenhydrate (g) 8

LEIPZIGER ALLERLEI

In Sachsen hat seit jeher süßes Naschwerk, wie Sächsischer Baumkuchen, Eierschecke, Leipziger Lerchen oder Dresdner Stollen, eine größere Rolle gespielt als die feine, delikate Küche. Die wohl einzige Ausnahme ist ein wirklich edles Gemüsegericht, das unter dem Namen »Leipziger Allerlei« nicht nur in Deutschland berühmt wurde. Ohne die Flußkrebse ist das Leipziger Allerlei eine herrliche Beilage zu Steaks. Auf klassische Art wird es mit Flußkrebsen, Grießklößchen oder Fleurons aus Blätterteig serviert.

Für 4 Personen
Vorbereitungszeit: 30 Minuten
Zubereitungszeit: 1 Stunde

10 g getrocknete Morcheln

250 g weißer Spargel

250 g junge Möhren

250 g ausgepalte Erbsen

Salz

70 g Krebsbutter

(fertig gekauft)

1 Prise Zucker

12 gekochte Flußkrebse

1. Die Morcheln unter fließendem Wasser gründlich reinigen. In $1/8$ l lauwarmem Wasser 30 Minuten einweichen, dabei immer wieder bewegen, damit sich der Sand aus den Kammern löst.
2. Spargel schälen und die Möhren putzen. Jedes Gemüse getrennt in kochendem Salzwasser bißfest kochen und auf einem Sieb abtropfen lassen. Die Morcheln gut ausdrücken, das Morchel-Einweichwasser durch ein mit einem Mulltuch ausgelegtes Sieb gießen und die Pilze darin in einigen Minuten weich kochen.

3. 50 g Krebsbutter in einem Topf erhitzen, das Gemüse sowie die Morcheln mit der restlichen Flüssigkeit hinzufügen und mit Salz und Zucker abschmecken.
4. Die ausgelösten Krebsschwänze in der restlichen erhitzten Krebsbutter kurz schwenken und unter das Gemüse mischen.

Pro Person:
Kalorien (kcal) 245
Eiweiß (g) 21
Fett (g) 11
Kohlenhydrate (g) 12

 Man kann die einzelnen Gemüsesorten auch in einem Dampfdrucktopf übereinanderschichten und ohne Druck aromagaren!

ZUCKERSCHOTEN

Für 4 Personen
Vorbereitungszeit: 10 Minuten
Zubereitungszeit: 15 Minuten

500 g Zuckerschoten
Salz
30 g Butter
1 Prise Zucker
einige Kerbelzweige oder
1 EL frisch gehackte Petersilie

1. Die Enden der Zuckerschoten abknipsen. Falls nötig, die Schoten entfädeln (siehe Seite 26). Waschen und in kochendem Salzwasser 3 Minuten blanchieren. Auf einem Sieb abtropfen lassen und sofort in reichlich, mit Eiswürfeln gekühltes Wasser geben.

2. Butter und Zucker erhitzen, die Zuckerschoten dazugeben, salzen und unter Schwenken des Topfes darin erhitzen. Mit abgezupften Kerbelblättchen oder gehackter Petersilie bestreuen.

Pro Person:
Kalorien (kcal) 150
Eiweiß (g) 7
Fett (g) 7
Kohlenhydrate (g) 14

■ ■ ■ ■ ■ ■ ■ ■ ■ ■ ■ ■ ■

Zuckerschoten dürfen keinesfalls zu lange gegart werden. Sie verlieren dadurch nicht nur ihre schöne Farbe, sondern auch viel von ihrem köstlichen, nußartigen Geschmack. Die feinen Zuckerschoten sind zusammen mit Möhren eine ideale Beilage zu zartem weißen Fleisch, z. B. Kalbfleisch, Hähnchen- oder Putenfleisch. Sie passen aber auch zu vielen Fischgerichten. Achten Sie beim Kauf der Zuckerschoten darauf, daß sie grasgrün, knackig und keinesfalls fleckig sind.

■ ■ ■ ■ ■ ■ ■ ■ ■ ■ ■ ■ ■

GLASIERTES MÖHRENGEMÜSE

Für 4 Personen
Zubereitungszeit: 25 Minuten

750 g junge Möhren

50 g Butter

$^1/_2$ TL Zucker, Salz

4 bis 5 EL lieblicher Weißwein

1 EL fein gehackte Petersilie

1. Möhren putzen, waschen und schälen. In dünne Scheiben schneiden.
2. Butter und Zucker in einem Topf erhitzen, die Möhren dazugeben und unter Rühren leicht karamelisieren lassen.

Salzen, mit Wein beträufeln und zugedeckt bei schwacher Hitze etwa 10 Minuten garen. Zwischendurch umrühren, damit die Möhren nicht anbrennen.
3. Den Topf zum Schluß schwenken, bis die Gemüsescheiben völlig mit der sirupartigen Flüssigkeit überzogen sind. Mit Petersilie bestreuen.

Pro Person:
Kalorien (kcal) 150
Eiweiß (g) 2
Fett (g) 11
Kohlenhydrate (g) 10

WIRSING IN SAHNESAUCE

Für 4 Personen
Zubereitungszeit: 40 Minuten

1 kg junger Wirsingkohl

50 g durchwachsener Räucherspeck

1 EL Öl

Salz

frisch gemahlener Pfeffer

geriebene Muskatnuß

$^1/_8$ l Fleischbrühe

$^1/_8$ l Crème fraîche

1. Vom Wirsing die äußeren Blätter entfernen, den Kopf vierteln und den Strunk herauslösen. Jedes Viertel in breite Streifen schneiden.

2. Den Räucherspeck in Würfel schneiden und im erhitzten Öl glasig braten. Das Gemüse hinzugeben und andünsten. Mit Salz, Pfeffer und Muskat würzen und mit Brühe begießen. Die Crème fraîche unterrühren, aufkochen lassen und zugedeckt ca. 20 Minuten garen.
3. Dann den Deckel abnehmen und, falls nötig, die Flüssigkeit etwas einkochen lassen.

Pro Person:
Kalorien (kcal) 265
Eiweiß (g) 8
Fett (g) 21
Kohlenhydrate (g) 9

KOHLRABI-GEMÜSE

Für 4 Personen
Zubereitungszeit: 45 Minuten

5 junge Kohlrabi, je ca.150 g
4 Schalotten
50 g Butter
Salz
frisch gemahlener Pfeffer
4 EL Fleischbrühe
1 EL gehackte Petersilie

1. Von den Knollen die Blätter entfernen, die inneren Blätter in feine Streifen schneiden. Die Knollen in $1/2$ cm dicke Scheiben, dann in ebenso dicke Streifen, die geschälten Schalotten in Würfel schneiden.

2. 30 g Butter zerlassen und die Schalotten darin glasig braten. Kohlrabi dazugeben, salzen, pfeffern und kurz andünsten. Mit Brühe begießen und zugedeckt etwa 10 Minuten dünsten.
3. Zum Schluß die restliche Butter in kleinen Flocken sowie die geschnittenen Kohlblätter und die Petersilie unter das Gemüse mischen.

Pro Person:
Kalorien (kcal) 160
Eiweiß (g) 5
Fett (g) 11
Kohlenhydrate (g) 11

BECHAMEL-KARTOFFELN

Für 4 Personen
Zubereitungszeit: 35 Minuten

750 g vorwiegend festkochende Kartoffeln
40 g Butter
30 g Mehl
$1/4$ l Fleischbrühe
$1/4$ l Milch
Salz
frisch gemahlener Pfeffer
geriebene Muskatnuß
1 EL gehackte Petersilie

1. Die Kartoffeln in etwa 20 Minuten gar kochen.
2. Die Butter zerlassen und das Mehl unter Rühren aufschäumen lassen.

Mit Brühe und Milch unter Rühren aufgießen und einmal aufkochen lassen.
Bei schwacher Hitze etwa 10 Minuten köcheln lassen. Mit Salz, Pfeffer und Muskat würzen und zwischendurch umrühren.
3. Die Kartoffeln schälen und in Scheiben schneiden.
4. Mit der Petersilie unter die Sauce mischen.

Pro Person:
Kalorien (kcal) 280
Eiweiß (g) 7
Fett (g) 11
Kohlenhydrate (g) 38

Hauptgerichte

Gefüllt oder gebraten, mit Reis oder Nudeln abwechslungsreich zubereitet – all diese Gerichte mit ihren schier unbegrenzten Möglichkeiten zum Variieren schmecken vorzüglich und sind ebenso sättigend wie ein Braten.

GEMÜSETOPF

Grundlage für jeden guten Eintopf ist eine gehaltvolle Brühe, egal ob aus Rind, Wild, Geflügel, Fisch oder Gemüse. Je nach Geschmack können die weiteren Zutaten in Fett angeröstet oder, wie im nachfolgenden Rezept, roh in der Brühe gegart werden. Keinesfalls darf das Gemüse verkochen.

Für 4 Personen
Zubereitungszeit: 2 Stunden

1 Zwiebel
1 1/2 l Wasser
800 g Rindfleisch, Beinscheibe
3 Fleischknochen
1 Bund Suppengrün
8 Pfefferkörner
Salz
1 Bund junge Möhren
1/4 Sellerieknolle
250 g mehligkochende Kartoffeln
1/4 Blumenkohl
1/4 kleiner Wirsingkopf
1 kleine Stange Lauch
1 kleiner Zucchino
1/2 Bund Petersilie

1. Die Zwiebel mit der Schale quer halbieren und die beiden Schnittflächen im erhitzten Kochtopf ohne Fett bräunen lassen. Mit Wasser aufgießen und das gewaschene Fleisch, die Knochen sowie das kleingeschnittene Suppengrün und die Pfefferkörner dazugeben. Zum Kochen bringen, dabei den entstehenden Schaum abschöpfen. Die Suppe salzen und bei schwacher Hitze etwa 1 1/2 Stunden offen köcheln lassen.

2. Möhren, Sellerie und Kartoffeln schälen, waschen und in 1 cm große Würfel schneiden. Den Blumenkohl in Röschen teilen, den Wirsing in 1 cm breite Streifen schneiden. Den Lauch gründlich waschen, das harte grüne Ende und die Wurzeln abschneiden. Den Lauch in Ringe und den geputzten Zucchino in dicke Scheiben schneiden. Die Petersilie hacken.

3. Fleisch und Knochen mit einem Schaumlöffel aus der Suppe heben. Die Brühe durch ein Spitzsieb gießen, zurück in den Topf schütten und auf 1 l einkochen lassen. Das Gemüse in die Brühe geben und bei mittlerer Hitze in 20 bis 30 Minuten garen.

4. Das Fleisch vom Knochen lösen, in Würfel schneiden und mit der Petersilie unter das gekochte Gemüse mischen.

Pro Person:
Kalorien (kcal) 630
Eiweiß (g) 42
Fett (g) 39
Kohlenhydrate (g) 21

■ ■ ■ ■ ■ ■ ■ ■ ■ ■ ■

Auf die gleiche Weise bereitet man Hühnereintopf mit Gemüse zu. Das entbeinte und enthäutete Geflügelfleisch wird zum Schluß unter den Eintopf gemischt. Anstelle der Kartoffeln Reis oder Nudeln mitgaren.

■ ■ ■ ■ ■ ■ ■ ■ ■ ■ ■

Zwiebel anbräunen
Die Schnittfläche der Zwiebelhälften anbräunen. Dies verleiht der Suppe einen besonders aromatischen Geschmack.

Brühe abschäumen
Den aufsteigenden Schaum mit einem Schaumlöffel abschöpfen. Den Vorgang einige Male wiederholen, damit die Brühe klar bleibt. Dann erst salzen.

Gemüse vorbereiten
Das Gemüse putzen, waschen und kleinschneiden. Festere Gemüse in kleinere Stücke und junges zartes Gemüse etwas größer schneiden, damit die Garzeit in etwa gleich ist.

Eintopf garen
Das Gemüse in die etwas eingekochte Fleischbrühe geben und bei schwacher Hitze zugedeckt garen. Das Gemüse muß völlig mit Brühe bedeckt sein. Zwischendurch nicht umrühren!

Fleisch in Würfel
schneiden und mit der gehackten Petersilie unter das gekochte Gemüse mischen.

RATATOUILLE

Diese typisch provenzalische Gemüsekomposition kommt ursprünglich aus Nizza, und ihr Name bedeutete eigentlich nichts allzu Gutes, nämlich »Gemisch«. Heute wählt man die Garzeiten wesentlich kürzer, so daß das Gemüse eine so feste Konsistenz beibehält, die diesem Namen nicht mehr gerecht wird. Ratatouille ist besonders köstlich als Beilage zu Lammfleisch, aber auch als aromatische Ergänzung zu gegrilltem Fleisch oder Fisch. Probieren Sie sie auch kalt als Vorspeise.

Für 4 Personen
Zubereitungszeit:
1 Stunde 30 Minuten

500 g Fleischtomaten

1 mittelgroße Aubergine

4 sehr kleine Zucchini

1 Gemüsezwiebel

Salz

1 rote und 1 gelbe

Paprikaschote

2 bis 3 Knoblauchzehen

$1/8$ l Olivenöl

je 1 EL gerebelter Thymian

und Rosmarin

frisch gemahlener Pfeffer

4 bis 5 EL Weißwein

1. Die Tomaten häuten, vierteln und entkernen. Aubergine und Zucchini waschen, die Zwiebel schälen und alles in Scheiben schneiden. Die Auberginen-scheiben mit Salz bestreuen und übereinandergelegt etwa 20 Minuten ziehen lassen. Die gewaschenen Paprikaschoten halbieren und ohne Stengel-ansätze und Samenkerne in Streifen schneiden. Die geschälten Knoblauchzehen mit einem breiten Messer zerquetschen oder durch die Knoblauchpresse drücken.

2. Etwas Olivenöl in einer großen beschichteten Bratpfanne erhitzen und zuerst die mit Küchenpapier abgetrockneten Auberginen-scheiben von beiden Seiten anbraten. Herausnehmen und erneut Olivenöl in die Pfanne gießen. Nun die Zucchini, die Zwiebel und zum Schluß die Paprikaschoten kurz darin anbraten.

3. Das Gemüse abwechselnd in einen gut schließenden Schmortopf schichten, zwischen jede Schicht Tomatenstücke, Kräuter sowie Salz und Pfeffer geben. Mit Wein und restlichem Oliven-öl begießen und zugedeckt bei schwacher Hitze entweder auf der Herdplatte oder im Backofen bei 180° C in etwa 40 Minuten fertig garen. Mit knusprigem Baguette serviert, ergibt dies ein leichtes Hauptgericht.

Pro Person:
Kalorien (kcal) 385
Eiweiß (g) 7
Fett (g) 33
Kohlenhydrate (g) 26

GURKENTOPF MIT LACHSKLÖSSCHEN

Für 4 Personen
Zubereitungszeit: 1 Stunde

500 g mehligkochende
Kartoffeln

1 Zwiebel

2 Schmorgurken (à 500 g)

40 g Butter

Salz

gemahlener weißer Pfeffer

$1/4$ l Fleischbrühe

2 EL Crème fraîche

Für die Klößchen:

400 g rohes Lachsfilet

200 ml eiskalte Sahne

2 eiskalte Eiweiß

Salz

gemahlener weißer Pfeffer

etwas Zitronensaft

1 Bund Dill

1. Kartoffeln schälen, waschen und in 1 cm große Würfel, die geschälte Zwiebel in winzige Würfel schneiden. Die Schmorgurken schälen, halbieren und die Kerne mit einem Löffel herausschaben. Die Gurkenhälften in 1 cm dicke Scheiben schneiden.

2. Die Butter in einem Schmortopf erhitzen und erst die Zwiebeln, dann die Kartoffeln darin anbraten. Salzen und pfeffern und mit der Brühe aufgießen. Zugedeckt bei mittlerer Hitze etwa 8 Minuten kochen.

3. Für die Lachsklößchen das gut gekühlte Lachsfleisch in Würfel schneiden und rasch im Mixer fein pürieren, dabei Sahne und Eiweiß hinzufügen. Die Masse mit Salz, Pfeffer und Zitronensaft würzen und kalt stellen.

4. Die Gurkenstücke unter die vorgegarten Kartoffeln mischen, die Crème fraîche unterrühren und den Eintopf zugedeckt in etwa 15 Minuten gar schmoren.

5. Aus der Fischmasse mit zwei nassen Teelöffeln kleine Klößchen formen und auf dem Gemüse verteilen. Zugedeckt bei schwacher Hitze in wenigen Minuten gar ziehen lassen.

6. Den Dill fein hacken und unter den Eintopf mischen.

Pro Person:
Kalorien (kcal) 577
Eiweiß (g) 29
Fett (g) 40
Kohlenhydrate (g) 26

■ ■ ■ ■ ■ ■ ■ ■ ■ ■ ■ ■ ■

Die Fischklößchen können durch Kalbfleischklößchen ersetzt werden (dann zum Schluß noch einige Tomatenwürfel unter den Eintopf mischen).

■ ■ ■ ■ ■ ■ ■ ■ ■ ■ ■ ■ ■

LAUCH WAADTLÄNDER ART

Lauch in Verbindung mit »Saucisse« (oder »Saucissions« – unter beidem versteht man leicht geräucherte Würste aus magerem Schweinefleisch) ist eine beliebte Waadtländer Spezialität.
Der Lauch schmeckt aber genauso gut mit Polnischen oder anderen leicht geräucherten Würsten.

Für 4 Personen
Zubereitungszeit: 1 Stunde

1 kg Lauch
500 g Kartoffeln
1 Zwiebel
30 g Schweineschmalz
$^{1}/_{4}$ l Rindfleischbrühe
200 ml trockener Weißwein
5 EL Sahne
Salz
frisch gemahlener Pfeffer
frisch geriebene Muskatnuß
1 TL Weinessig
400 g Saucission oder Saucisse oder Polnische Wurst

1. Die Lauchstangen von den Wurzeln und den harten, grünen Enden befreien. Den Lauch in 3 cm breite Stücke schneiden und in reichlich Wasser gründlich waschen, dabei das Wasser mehrmals wechseln. Es müssen alle Sandteile aus dem Gemüse entfernt sein. In einem Sieb abtropfen lassen. Die Kartoffeln schälen, waschen und wie die geschälte Zwiebel in Würfel schneiden.

2. Das Schweineschmalz in einem Schmortopf erhitzen und die Zwiebeln darin glasig braten. Den Lauch dazugeben und mitanschwitzen. Mit Brühe und Weißwein aufgießen. Mit Salz, Pfeffer und Muskat würzen und zugedeckt 15 Minuten bei mittlerer Hitze köcheln lassen.

3. Die Kartoffeln dazugeben und in weiteren 15 Minuten gar kochen.

4. Während der Kochzeit des Gemüses den Saucisson 20 bis 30 Minuten, die Saucisse oder die Polnischen Würste 15 Minuten in leise siedendem Wasser garziehen lassen.

5. Die Sahne über das Gemüse gießen und einige Minuten durchkochen lassen. Zum Schluß mit Essig abschmecken, die Würste darauflegen und einige Minuten in dem Gemüse erhitzen. Den Topf dabei nicht zudecken.

Pro Person:
Kalorien (kcal) 615
Eiweiß (g) 20
Fett (g) 45
Kohlenhydrate (g) 26

STECKRÜBEN-EINTOPF

**Für 6 Personen
Zubereitungszeit:
1 Stunde 25 Minuten**

500 g Schweinehals

200 g geräucherter
Schweinebauch

40 g Schweineschmalz

1 Lorbeerblatt

1 Knoblauchzehe

1 kleiner Zweig Rosmarin

1 EL Tomatenmark

$^1/_4$ l trockener Weißwein,
z. B. Silvaner

$^1/_2$ l Fleischbrühe

500 g Steckrüben

3 Möhren

250 g mehligkochende
Kartoffeln

1 Gemüsezwiebel

250 g grüne Bohnen

Salz

frisch gemahlener Pfeffer

$^1/_2$ Bund Petersilie

1. Den Schweinehals in 2 cm
große, den Schweinebauch in
1 cm große Würfel schneiden.
2. 20 g Schmalz in einem
Schmortopf erhitzen und die
Fleischwürfel darin anbraten.
Lorbeerblatt, zerquetschte
Knoblauchzehe, Rosmarin und
Tomatenmark dazugeben und
alles kurz anschmoren.
3. Mit Wein ablöschen und
einmal aufkochen lassen.
Dann die Fleischbrühe
dazugießen und zugedeckt
etwa 30 Minuten bei
schwacher Hitze köcheln
lassen.

4. In dieser Zeit Steckrüben,
Möhren, Kartoffeln und Zwiebel
schälen, waschen und in
gleich große Würfel schneiden.
Von den Bohnen die Enden abknipsen, falls nötig, entfädeln
und in Stücke brechen.
5. Das restliche Schmalz
erhitzen und das Gemüse
darin anbraten. Dann unter das
vorgegarte Fleisch mischen
und miteinander in etwa 15 bis
20 Minuten zugedeckt fertig
garen. Mit Salz und Pfeffer
abschmecken und mit der
gehackten Petersilie bestreut
servieren.

Pro Person:
Kalorien (kcal) 635
Eiweiß (g) 20
Fett (g) 50
Kohlenhydrate (g) 19

■ ■ ■ ■ ■ ■ ■ ■ ■ ■ ■ ■ ■

Die eßbare
Gemüserübe hat regional sehr
unterschiedliche Namen,
neben Steckrübe wird sie an
manchen Orten auch Kohlrübe,
Wrunke, Schmalzrübe, Boden-
kohlrabi oder Erdrübe genannt.
Sie ist noch ein wenig das
Stiefkind unter den Gemüsesorten, obwohl das gelbliche
Fleisch einen pikanten
Geschmack hat. Man kann die
Rüben, in Stifte oder Scheiben
geschnitten, auch in Butter
schmoren. Die Rüben sollen
aber noch einen Biß haben,
sonst schmecken sie fade.

■ ■ ■ ■ ■ ■ ■ ■ ■ ■ ■ ■ ■

LINSENEINTOPF MIT WÜRSTCHEN

Im Gegensatz zu anderen Hülsenfrüchten müssen getrocknete braune Tellerlinsen nicht eingeweicht werden, sofern sie nicht zu alt sind.

**Für 4 Personen
Zubereitungszeit:
1 Stunde 30 Minuten**

500 g braune Tellerlinsen

100 g durchwachsener Räucherspeck

2 mittelgroße Zwiebeln

4 mittelgroße Möhren

200 g Knollensellerie

1 kleine Petersilienwurzel

1 kleine Stange Lauch

1 l Wasser

1 Lorbeerblatt

1 Zweig Thymian

4 geräucherte Kochmettwürste

800 g vorwiegend festkochende Kartoffeln

1/2 Bund glatte Petersilie

Salz

frisch gemahlener Pfeffer

ca. 2 EL Rotweinessig

scharfer Senf nach Geschmack

1. Die Linsen in kaltem Wasser waschen und auf einem Sieb abtropfen lassen.
2. Räucherspeck und das geputzte, gewaschene Gemüse in kleine Würfel schneiden.

3. Die Speckwürfel glasig braten. Erst die Zwiebelwürfel dazugeben und anbraten, dann unter Rühren das restliche Gemüse und die gut abgetropften Linsen anschmoren. Mit Wasser aufgießen und die Kräuter hineingeben.
Zum Kochen bringen und die mit einer Gabel mehrmals eingestochenen Mettwürstchen hineinlegen. Zugedeckt bei schwacher Hitze ca. 1 Stunde köcheln lassen.
4. Inzwischen Kartoffeln schälen, waschen, vierteln und in wenig Salzwasser gar kochen.
5. Den Linseneintopf mit Salz, Pfeffer und Essig würzig abschmecken, die feingehackte Petersilie untermischen und mit Salzkartoffeln servieren. Senf bei Tisch dazu reichen.

Pro Person:
Kalorien (kcal) 1240
Eiweiß (g) 51
Fett (g) 64
Kohlenhydrate (g) 103

Alle Gerichte aus Hülsenfrüchten erst zum Schluß salzen, da diese sonst nicht weich werden.

KICHERERBSEN-GEMÜSE-TOPF

Wie Bohnenkerne und geschälte und ungeschälte Erbsen müssen auch Kichererbsen mindestens 6 Stunden in kaltem Wasser quellen. Pro 100 g benötigt man knapp $^1/_2$ l Einweichwasser, in dem sie auch gekocht werden sollten.

Für 4 Personen
Einweichzeit: mind. 6 Stunden
Zubereitungszeit:
2 Stunden 10 Minuten

250 g Kichererbsen

1 Gemüsezwiebel

1 bis 2 Knoblauchzehen

1 mittelgroße Aubergine

1 rote Paprikaschote

2 kleine Zucchini

200 g junge grüne Bohnen

2 Fleischtomaten

5 EL Olivenöl

je 1 Prise gemahlener Piment,
Zimt, Koriander, Cayennepfeffer
und Safran

Salz

frisch gemahlener Pfeffer

1 TL fein geschnittene
Minzeblätter

1 EL gehackte Petersilie

1. Die in 1 $^1/_2$ l Wasser eingeweichten Kichererbsen in etwa 1 $^1/_2$ Stunden weich kochen (Dampfdrucktopf ca. 40 Min).
2. Zwiebel und Knoblauch schälen und fein hacken. Von der Aubergine und den Zucchini die Stielenden entfernen, die Paprikaschote halbieren und putzen, von den Bohnen die Enden abknipsen. Die Tomaten häuten, vierteln und entkernen. Die Bohnen in Stücke, das restliche Gemüse in große Würfel schneiden.

3. Das Öl in einem Schmortopf erhitzen und Zwiebeln sowie Knoblauch darin anbraten. Das restliche Gemüse und die abgetropften Kichererbsen hinzufügen und kurz mitanbraten. Salzen, die Gewürze dazugeben und mit $^1/_2$ l Kochflüssigkeit der Kichererbsen aufgießen. Zugedeckt bei schwacher Hitze ca. 25 Minuten köcheln lassen.
4. Den Eintopf falls nötig noch einmal würzig abschmecken. Minze und Petersilie untermischen.
Je nach Geschmack mit geraspeltem Schafskäse bestreuen oder Joghurt dazu reichen.

Pro Person:
Kalorien (kcal) 380
Eiweiß (g) 17
Fett (g) 15
Kohlenhydrate (g) 41

BROCCOLIAUFLAUF

Aufläufe sind eine Mischung aus unterschiedlichen Zutaten, etwa Gemüse und Fleisch, die mit Kartoffeln, Nudeln oder Reis in eine feuerfeste Form geschichtet und, mit einer Eiermischung übergossen, im Ofen überbacken werden. Mit Paniermehl und geriebenem Käse bestreut und mit Butterflöckchen belegt, erhalten sie eine knusprige Oberfläche. Die goldbraune Kruste ist das Markenzeichen eines gelungenen Auflaufs.

Für 4 Personen
Zubereitungszeit: 1 Stunde

500 g Broccoli

500 g Blumenkohl

Salz

200 g gekochter Schinken

40 g Butter

40 g Mehl

$1/4$ l Gemüsekochwasser

$1/4$ l Milch

gemahlener weißer Pfeffer

geriebene Muskatnuß

4 Eigelb

100 g geriebener Hartkäse,
z. B. Emmentaler

4 Eiweiß

Fett für die Form

1. Broccoli und Blumenkohl putzen und in Röschen teilen, die Stiele in Würfel schneiden. Das vorbereitete Gemüse in reichlich kochendes Salzwasser geben, dann auf einem Durchschlag abtropfen lassen.
2. Den Schinken in kleine Würfel schneiden. Den Backofen auf 200° C vorheizen.
3. Die Butter schmelzen lassen und das Mehl unterrühren. Sobald die Mischung zu schäumen beginnt, Gemüsekochwasser und Milch unter ständigem Rühren dazugießen. Aufkochen lassen und unter weiterem Rühren einige Minuten kochen.

4. Von der Kochstelle nehmen und die Eigelb sowie 75 g Käse unterrühren. Mit Salz, Pfeffer und Muskat abschmecken.
5. In eine gefettete Auflaufform abwechselnd eine Lage Broccoli, Blumenkohl und Schinkenwürfel geben.
6. Die Eiweiß zu steifem Schnee schlagen und unter die Béchamelsauce ziehen. Die Käsesauce über den Auflauf verteilen, die Oberfläche mit dem restlichen Käse bestreuen und im Backofen auf der mittleren Schiene in etwa 30 Minuten goldbraun backen.

Pro Person:
Kalorien (kcal) 515
Eiweiß (g) 35
Fett (g) 32
Kohlenhydrate (g) 17

Gemüse kochen
Reichlich Salzwasser in einem großen Topf zum Kochen bringen und den Blumenkohl sowie die Broccolistiele in etwa 8 Minuten, die Broccoliröschen in 6 Minuten darin bißfest garen.

Gut abtropfen lassen
Mit einem Schaumlöffel herausheben und auf einem Durchschlag gut abtropfen lassen. Das Gemüse muß völlig trocken sein, damit es die Béchamelsauce nicht verwässert.

Béchamelsauce zubereiten
Die zerlaufene Butter mit dem Mehl verrühren, bis keine Klümpchen mehr zu sehen sind und die Mischung leicht schäumt. Nun mit Brühe und kalter Milch unter Rühren mit einem Schneebesen aufgießen.

Einfüllen in die Form
Abwechselnd Broccoli, Blumenkohl und Schinken in eine gut gefettete längliche, gläserne Auflaufform von 2 l Inhalt schichten.

Eiweiß unterheben
Das Eiweiß so steif schlagen, daß beim Hochziehen des Kochlöffels die Spitzen stehen bleiben. Vorsichtig unter die Sauce ziehen, nicht rühren, da sonst der Auflauf nicht locker wird.

ROSENKOHLAUFLAUF MIT FLEISCHBÄLLCHEN

Für 4 Personen
Zubereitungszeit:
1 Stunde 15 Minuten

800 g Rosenkohl

Salz

800 g mehligkochende

Kartoffeln

1 Zwiebel

1 Brötchen

1 Ei

400 g gehacktes Rindfleisch

1 TL gerebelter Majoran

1 EL gehackte Petersilie

frisch gemahlener Pfeffer

knapp $1/8$ l heiße Milch

geriebene Muskatnuß

$1/4$ l Sahne

3 Eier

2 EL Paniermehl

40 g Butter für die Form

und zum Belegen

1. Von den Rosenkohlröschen die äußeren welken Blätter entfernen, die Stiele kreuzweise einschneiden und in reichlich kochendem Salzwasser etwa 8 Minuten vorkochen.
2. Kartoffeln schälen, waschen und vierteln. In etwa 20 Minuten gar kochen. Das Brötchen mit Wasser einweichen.

3. Die Zwiebel schälen, in Würfel schneiden und mit dem eingeweichten, gut ausgedrückten Brötchen und dem Ei unter das Hackfleisch mischen. Majoran und Petersilie dazugeben und mit Salz und Pfeffer würzig abschmecken.
Den Backofen auf 200° C vorheizen.
4. Die gekochten Kartoffeln gut abdampfen lassen, durch eine Kartoffelpresse drücken und soviel heiße Milch unterrühren, bis ein etwas festeres Kartoffelpüree entsteht. Mit Salz und Muskat würzen.
5. Den Boden einer großen, länglichen, gut gefetteten Auflaufform mit Kartoffelpüree auskleiden.
6. Aus der Hackfleischmasse walnußgroße Bällchen formen und abwechselnd mit den Rosenkohlröschen leicht in das Püree drücken.
7. Sahne und Eier gründlich verquirlen, mit Salz, Pfeffer und Muskat würzen und über den Auflauf gießen. Mit Paniermehl bestreuen und mit der Butter in kleinen Flöckchen belegen. Im Backofen auf der mittleren Schiene in 35 bis 40 Minuten goldbraun backen.

Pro Person:
Kalorien (kcal) 850
Eiweiß (g) 47
Fett (g) 49
Kohlenhydrate (g) 49

 Den Auflauf mit gehackten Haselnüssen oder Mandelblättchen bestreuen.

SCHWARZWURZEL-SPINAT-AUFLAUF

Für 4 Personen
Vorbereitungszeit:
1 Stunde 30 Minuten

1 kg Schwarzwurzeln

Salz

2 EL Essig

1 EL Mehl

1 kg junge Spinatblätter

200 g Crème fraîche

2 Eigelb

1 Ei

1/8 l trockener Weißwein

100 g geriebener Hartkäse,
z. B. Emmentaler oder Gruyère

etwas abgeriebene
Orangenschale

gemahlener weißer Pfeffer

geriebene Muskatnuß

2 EL gehackte Pistazien

20 g Butter für die Form
und zum Belegen

1. Die Schwarzwurzeln unter fließendem Wasser schrubben und anschließend mit einem Sparschäler vom dicken zum dünnen Ende hin abschälen. In Stücke schneiden und sofort in mit 1 EL Essig und Mehl vermischtes Wasser geben, damit die Wurzeln sich nicht verfärben.

2. Reichlich Wasser mit Salz und restlichem Essig zum Kochen bringen und die Wurzeln in etwa 20 Minuten gar kochen.

3. Den Spinat gründlich verlesen, waschen und in kochendem Salzwasser 1 Minute blanchieren. In einem Sieb gut abtropfen lassen.

4. Den Backofen auf 200° C vorheizen.

5. Crème fraîche, Eigelb, Ei, Wein und Käse verquirlen, salzen und mit Orangenschale, Pfeffer und Muskat würzen.

6. Abwechselnd die abgetropften Schwarzwurzeln und den Spinat in eine große, gefettete Auflaufform füllen (den Abschluß bilden Schwarzwurzeln). Die Crème-fraîche-Mischung gleichmäßig darübergießen, mit Pistazien bestreuen und mit Butterflöckchen belegen. Im Backofen auf der mittleren Schiene in etwa 30 Minuten goldbraun backen.

Pro Person:
Kalorien (kcal) 690
Eiweiß (g) 25
Fett (g) 42
Kohlenhydrate (g) 52

■ ■ ■ ■ ■ ■ ■ ■ ■ ■ ■ ■ ■

Da beim Schälen und Zerschneiden die klebrige Wurzelmilch häßliche Flecken auf den Händen hinterläßt, ist es ratsam, für diese Tätigkeit Gummihandschuhe anzuziehen.

■ ■ ■ ■ ■ ■ ■ ■ ■ ■ ■ ■ ■

GEMÜSEGRATIN

Für 4 Personen
Vorbereitungszeit: 50 Minuten

250 g Champignons
oder Egerlinge
250 g Zucchini
250 g Möhren
500 g frischer Spinat
Salz
1 Knoblauchzehe
20 g Butter
200 g Crème fraîche
½ l Milch
100 g geriebener Parmesan
gemahlener weißer Pfeffer
1 EL Paniermehl

1. Die Pilze putzen, von den Zucchini die Enden entfernen. Die Möhren schälen und die Spinatblätter sorgfältig verlesen. Pilze, Zucchini und Möhren waschen und in dünne Scheiben schneiden. Die Spinatblätter gründlich in kaltem Wasser waschen bis alle Schmutzteile herausgespül sind.

2. Reichlich Salzwasser zum Kochen bringen und die Gemüsesorten nacheinander blanchieren, Möhren 4 bis 5, Zucchini und Pilze etwa 2 Minuten und, zum Schluß, die Spinatblätter etwa 1 Minute. Das Gemüse gut abtropfen lassen.

3. Den Backofen auf 220° C vorheizen. Eine große, runde, feuerfeste Gratinform mit der halbierten Knoblauchzehe ausreiben, dick mit Butter ausfetten und ringförmig abwechselnd die Pilze, den Spinat, Möhren und Zucchini anordnen.

4. Crème fraîche, Milch und Käse miteinander verquirlen und gleichmäßig über das Gemüse verteilen. Mit Paniermehl bestreuen und auf der mittleren Schiene des Backofens in etwa 20 Minuten goldbraun backen.

Pro Person:
Kalorien (kcal) 385
Eiweiß (g) 19
Fett (g) 29
Kohlenhydrate (g) 10

■ ■ ■ ■ ■ ■ ■ ■ ■ ■ ■ ■

Versuchen Sie das Gratin auch mit anderen Gemüsesorten oder bereiten Sie auf die gleiche Weise ein Gratin aus nur einer Sorte zu.

■ ■ ■ ■ ■ ■ ■ ■ ■ ■ ■ ■

KARTOFFELGRATIN

Für 4 Personen
Zubereitungszeit:
1 Stunde 30 Minuten

1 kg vorwiegend fest-
kochende Kartoffeln

1 Knoblauchzehe

20 g Butter

100 g geriebener Gruyère
oder Emmentaler

Salz

frisch gemahlener Pfeffer

frisch geriebene Muskatnuß

$^1/_2$ l Sahne

$^1/_4$ l Milch

1. Kartoffeln schälen, waschen und in dünne Scheiben schneiden. In ein Sieb geben, kurz mit kaltem Wasser abbrausen und mit einem Küchentuch abtrocknen. Den Backofen auf 150° C vorheizen.
2. Eine große, feuerfeste Gratinform mit der halbierten Knoblauchzehe ausreiben und mit Butter ausfetten. Ein Drittel der Kartoffeln dachziegelartig in die Form schichten, mit Salz, Pfeffer und Muskat würzen und mit einem Drittel Käse bestreuen. Mit Kartoffel-scheiben bedecken und so fortfahren, bis Kartoffeln und Käse aufgebraucht sind.

3. Sahne und Milch verquirlen und gleichmäßig über die Kartoffeln geben. Die Form auf die mittlere Schiene des Backofens stellen und 50 Minuten garen lassen. Dann den Backofen auf 220° C schalten und die Oberfläche in 15 bis 20 Minuten goldbraun backen.

Pro Person:
Kalorien (kcal) 755
Eiweiß (g) 17
Fett (g) 54
Kohlenhydrate (g) 46

■ ■ ■ ■ ■ ■ ■ ■ ■ ■ ■ ■ ■ ■

Für das Kartoffelgratin gibt es unzählige Variationen. So kann man Schinkenwürfel dazwischen streuen oder die Sahne-mischung mit Eigelb verfeinern. Das Wichtigste ist, daß eine ausreichend große Form gewählt wird, damit die Kartoffelscheiben nicht zu hoch übereinanderliegen. Sie müssen völlig mit der Sahne-mischung bedeckt sein, sonst wird das Gratin trocken.

■ ■ ■ ■ ■ ■ ■ ■ ■ ■ ■ ■ ■ ■

FENCHEL MIT MOZZARELLA GRATINIERT

Für 4 Personen
Zubereitungszeit:
1 Stunde 10 Minuten

1 kg Tomaten

1 Zwiebel

1 Knoblauchzehe

4 EL Olivenöl

1 Zweig Thymian

1 Lorbeerblatt

$^1/_8$ l Fleischbrühe

Salz

frisch gemahlener Pfeffer

1 kg Fenchel

250 g Mozzarella

1 EL Paniermehl

1 EL geriebener Parmesan

1. Die Tomaten häuten und in Stücke schneiden. Zwiebel und Knoblauch schälen und in kleine Würfel schneiden.

2. 2 EL Öl in einem großen Schmortopf erhitzen und Zwiebel und Knoblauch darin anschwitzen. Die Tomaten und Kräuter hinzufügen, mit Brühe aufgießen und mit Salz und Pfeffer würzen. Zugedeckt bei schwacher Hitze köcheln lassen.

3. Reichlich Salzwasser zum Kochen bringen. Die Fenchelknollen putzen, waschen, das Fenchelgrün abschneiden und beiseite legen. Die Knollen längs in 1 cm dicke Scheiben schneiden und im kochenden Wasser 5 Minuten blanchieren. Mit einem Schaumlöffel herausheben, gut abtropfen lassen, in die Tomatensauce geben und 15 Minuten garen. Den Backofen auf 220° C vorheizen.

4. Die Fenchelscheiben mit der Sauce in eine große, längliche Gratinform schichten und mit dem in Würfel geschnittenen Mozzarella belegen. Paniermehl und Parmesan gemischt darüberstreuen und mit dem restlichen Olivenöl beträufeln. Auf der mittleren Schiene etwa 8 bis 10 Minuten überbacken.

5. Mit dem gehackten Fenchelgrün bestreuen und servieren.

Pro Person:
Kalorien (kcal) 415
Eiweiß (g) 22
Fett (g) 22
Kohlenhydrate (g) 28

 Wenn es schnell gehen soll oder wenn es keine vollreifen Tomaten gibt, bereiten Sie die Sauce aus guten Dosentomaten zu.

GRATINIERTER RADICCHIO

Am besten eignet sich für dieses Gericht der längliche Radicchio di Treviso. Wenn Sie diese Sorte nicht bekommen können, verwenden Sie möglichst kleine Radicchioköpfe.

Für 4 Personen
Zubereitungszeit: 35 Minuten

800 g Radicchio

60 g Rindermark

1 Knoblauchzehe

3 EL Olivenöl

Salz

frisch gemahlener Pfeffer

$^1/_8$ l trockener Weißwein, z. B. Pinot Grigio

2 große Fleischtomaten

6 bis 8 Basilikumblätter

4 EL geriebener Parmesan

1. Die Radicchioköpfe von welken Blättern befreien, den Strunk abschneiden und die Köpfe halbieren, größere Köpfe vierteln. Treviso-Radicchio ganz lassen, lediglich den Strunk abschneiden. Das Rindermark in kaltes Wasser legen.

2. Den Backofen auf 220° C vorheizen.

3. Die geschälte Knoblauchzehe im erhitzten Olivenöl anbraten, dann herausnehmen und das Gemüse hineingeben. Kurz anbraten, mit Salz und Pfeffer würzen und mit Wein aufgießen. Zugedeckt bei schwacher Hitze ca. 8 Minuten garen.

4. Die Tomaten häuten, entkernen und in Würfel schneiden. Basilikumblätter in feine Streifen schneiden.

5. Radicchio in eine längliche, gefettete Auflaufform geben, Tomaten und Basilikum darüber verteilen, mit dem gut abgetropften, in Scheiben geschnittenen Rindermark belegen und mit Parmesan bestreuen. Auf der mittleren Schiene des Backofens in 5 bis 8 Minuten überbacken. Dazu paßt Weißbrot oder ein saftiges Risotto.

Pro Person:
Kalorien (kcal) 265
Eiweiß (g) 7
Fett (g) 23
Kohlenhydrate (g) 5

■ ■ ■ ■ ■ ■ ■ ■ ■ ■ ■ ■ ■

Anstelle des Rindermarks kann man den Radicchio auch mit Mozzarellascheiben belegt gratinieren.

■ ■ ■ ■ ■ ■ ■ ■ ■ ■ ■ ■ ■

GEMÜSETORTE

Gemüsetorten, -kuchen oder -strudel lassen sich schon Stunden vor dem Verzehr vorbereiten.
Haben Sie viele Gäste, verdoppeln Sie die Zutaten und ordnen alles auf einem Backblech an. Wollen Sie die pikanten Kuchen als Vorspeise reichen, verteilen Sie Teig und Füllung in Tortelettförmchen. Warm oder lauwarm schmecken die Kuchen am besten.

Für 4 Personen
Zubereitungszeit:
1 Stunde 10 Minuten

300 g Tiefkühl-Blätterteig

8 grüne Spargelstangen

200 g Blumenkohl

200 g Möhren

Salz

100 g magerer, roher Schinken

200 g Cocktailtomaten

200 ml Sahne

3 Eier

1 EL gehackte Frühlingskräuter, z. B. Basilikum, Petersilie, Kerbel

frisch gemahlener Pfeffer

geriebene Muskatnuß

Hülsenfrüchte zum Blindbacken

1. Die Blätterteigplatten auftauen lassen.Den Backofen auf 200° C vorheizen.
2. Die Spargelstangen nur am unteren Ende schälen, auf eine Länge von 11 cm kürzen. Das untere Ende in Stücke schneiden. Den Blumenkohl in kleine Röschen teilen und die geschälten Möhren in $1/2$ cm große Würfel schneiden.
3. Die Spargelstangen 10 bis 15 Minuten in kochendem Salzwasser bißfest garen. Anschließend Blumenkohl, Möhren und Spargelstücke darin fast gar kochen. Das Gemüse in einem Sieb gut abtropfen lassen. Den Schinken in kleine Würfel schneiden.

4. Die Blätterteigplatten mit etwas Wasser bepinseln, übereinanderlegen und zu einer runden Platte von 28 cm Durchmesser ausrollen. Boden und Rand einer kalt abgespülten Springform (24 cm Durchmesser) damit auskleiden und mit Hülsenfrüchten belegen. 10 Minuten vorbacken. Die Hülsenfrüchte entfernen.
5. Das kleingeschnittene Gemüse und den Schinken auf dem Kuchenboden verteilen, die Spargelstangen sternförmig darauf anordnen und die Tomaten um den äußeren Rand legen.
6. Sahne, Eier und Kräuter verquirlen, mit Salz, Pfeffer und Muskat würzen und über den Kuchenbelag gießen. Auf der mittleren Schiene in etwa 40 Minuten goldgelb backen.

Pro Person:
Kalorien (kcal) 710
Eiweiß (g) 18
Fett (g) 54
Kohlenhydrate (g) 30

Gemüse vorbereiten
Die Spargelstangen nur am unteren Ende schälen. Blumenkohl in sehr kleine Röschen teilen. Die Möhren schälen und in kleine Würfel schneiden. Falls die Möhren mit Grün sind, geben Sie die inneren, zarten Blätter feingehackt mit den Kräutern unter die Eiersahne.

Teigboden vorbereiten
Die einzelnen Blätterteigplatten mit etwas kaltem Wasser bepinseln, übereinander legen und mit einem Nudelholz zu einer runden Platte von 28 cm ausrollen. Mit Hilfe des Nudelholzes in die kalt abgespülte Springform (24 cm Ø) gleiten lassen.

Blindbacken
Den Kuchenboden $1/2$ cm hoch mit getrockneten Linsen oder Erbsen belegen und auf der mittleren Schiene des vorgeheizten Backofens etwa 10 Minuten vorbacken. Anschließend die Hülsenfrüchte wieder entfernen.

Eiermischung zubereiten
Je nach Geschmack kann man für die saftige Umhüllung Milch, süße oder saure Sahne, Crème fraîche oder eine Mischung davon verwenden. Hinzu kommen nach und nach unter leichtem Schlagen mit einem Schneebesen die Eier.

Eiermischung würzen
Mit Salz und Pfeffer und je nach Geschmack mit Muskat, Ingwer, Curry, Paprika usw. kräftig würzen, da das Backen etwas die Würzkraft mindert. Außer frischen Kräutern kann man auch geriebenen Hartkäse, in Würfel geschnittenen Weichkäse oder Schinkenwürfel unter die Eimasse mischen.

GEMÜSEKUCHEN
IN ALLEN VARIATIONEN

Am schnellsten und einfachsten bereitet man Gemüsekuchen sicherlich mit Blätterteig zu. Sie sollten aber auch andere Teige versuchen!
Die Garzeit der Kuchen beträgt zwischen 30 und 45 Minuten bei 200° C auf der mittleren Schiene des Backofens.
Die folgenden Teig-Grundrezepte reichen für eine Springform von 24 cm Durchmesser.

Hefeteig

250 g Mehl

1 TL Salz

10 g Hefe

$1/8$ l lauwarme Milch

20 g Butter

1 kleines Ei

Aus der Milch und der Hefe einen Vorteig bereiten, dann mit den übrigen Zutaten zu einem Teig verarbeiten. Etwa 30 Minuten gehen lassen.

Mürbeteig

250 g Mehl

$1/2$ TL Salz

125 g kalte Butter in Flöckchen

4 bis 5 EL eiskaltes Wasser

Die angegebenen Zutaten rasch miteinander verkneten und vor dem Ausrollen 30 Minuten mit Folie umhüllt kalt stellen.

Quarkölteig

100 g Speisequark,

20 % Fett i.Tr.

1 kleines Ei

2 EL geschmacksneutrales Öl

150 g Mehl

1 TL Backpulver

$1/2$ TL Salz

Quark, Ei und Öl verquirlen und die übrigen Zutaten unterkneten. Mit Folie umhüllt 30 Minuten ruhen lassen.

Teig ausrollen, eine Springform damit auskleiden und je nach Geschmack füllen, z. B. mit:

1 Rosenkohl

300 g vorgegarten Rosenkohl in 100 g durchwachsenen Speckwürfeln anbraten.
Für die Sauce:
200 ml Sahne, 3 Eier, 80 g geriebener Roquefort, Salz, Pfeffer und Muskat.

2 Möhren

500 g junge Möhren, grob geraspelt, in 50 g zerlassener Butter anschwitzen und mit 2cl Noilly Prat aufgießen.
Mit 2 EL gehackten Möhrenblättern, Salz und Pfeffer würzen.
Für die Sauce:
100 g Crème fraîche, 100 ml Sahne, 2 Eigelb, 1 Ei, abgeriebene Orangenschale, Salz, Pfeffer.

3 Zwiebeln

500 g Zwiebeln in Scheiben geschnitten mit 100 g durchwachsenen Speckwürfeln und 20 g Butter glasig braten, nicht bräunen.
Für die Sauce:
200 ml Saure Sahne, 3 Eier, Salz, Pfeffer, Kümmel.

4 Chicorée

500 g Chicorée in Scheiben schneiden und in 50 g Butter anschwitzen, mit Salz und Pfeffer würzen und mit 100 g in Würfel geschnittenem Räucherlachs vermischen.
Für die Sauce:
200 ml Sahne, 2 Eigelb, 1 Ei, 1 EL geschnittener Dill, Salz, Pfeffer.

1

2

3

4

5

6

7

8

5 Champignons

500 g Champignons mit 2 EL Zwiebelwürfeln in 40 g Butter anbraten. Mit 1 TL Kräutern der Provence und 2 gehäuteten, in Würfel geschnittenen Tomaten vermischen.

Für die Sauce:

100 g Crème fraîche, 100 ml Sahne, 2 Eigelb, 50 g geriebener Gruyère, 2 EL gehackte Petersilie, Salz, Pfeffer.

6 Lauch

500 g geputzten, in Scheiben geschnittenen Lauch in 40 g Butter anschwitzen, mit 4 EL Weißwein aufgießen und weich garen. 100 g in Würfel geschnittenen rohen Schinken untermischen.

Für die Sauce:

200 ml Sahne, 3 Eier, 100 g geriebener Hartkäse, Salz, Pfeffer und Muskat.

7 Artischocken

8 junge kleine Artischocken putzen, vierteln und in 4 EL erhitztem Olivenöl anbraten. Mit Zitronensaft beträufeln, salzen und pfeffern.

Für die Sauce:

200 ml Sahne, 2 Eigelb, 80 g geriebener Parmesan, 2 EL gehackte Petersilie, Salz.

8 Spargel

1 kg geschälten Bruchspargel in $^1/_8$ l Weißwein und 40 g Butter weichdünsten, pürieren und mit 100 g in Würfel geschnittenem Kochschinken vermischen. Mit Salz und weißem Pfeffer würzen.

Für die Sauce:

200 ml Sahne, 2 Eigelb, 2 Eier, 2 EL gehackte Frühlingskräuter verquirlen und unter das Spargelpüree mischen.

■ ■ ■ ■ ■ ■ ■ ■ ■ ■ ■ ■ ■ ■

Eine gute Idee für eine Party sind bunte Gemüsekuchen vom Blech! Dazu ein Kuchenblech mit der doppelten Menge des gewünschten Teiges auskleiden und in diagonalen oder waagrechten Streifen mit unterschiedlichen Gemüsesorten belegen. Mit der doppelten Menge an Eiermilch oder Eiersahne begießen und fertig backen. Beim Eintreffen der Gäste den Kuchen im Backofen kurz erwärmen.

■ ■ ■ ■ ■ ■ ■ ■ ■ ■ ■ ■ ■ ■

GEFÜLLTE PAPRIKA UND TOMATEN

In kargen südlichen Gegenden, wo das Fleisch rar, Gemüse aber reichlich vorhanden war, pflegte man das Fleisch zum Beispiel mit Reis zu strecken und in die Gemüse zu füllen, um seiner Wenigkeit eine würdige Hülle zu geben. So entstanden vor allem in den südlichen Regionalküchen herrliche Kombinationen von gefülltem Gemüse.

Für 4 Personen
Vorbereitungszeit: 30 Minuten
Garzeit: 1 Stunde

1 große Zwiebel

2 Knoblauchzehen

2 EL geschmacksneutrales Öl

50 g Langkornreis

$^1/_4$ l Fleischbrühe

je 2 gelbe und grüne mittelgroße Paprikaschoten

4 große Tomaten

2 Eier

1 EL gehackte Petersilie

700 g gehacktes Rindfleisch

frisch gemahlener Pfeffer

1 EL Paprika, edelsüß

500 g Tomatenstücke
aus der Packung

1 EL Tomatenmark

1 feingehackte Knoblauchzehe

$^1/_8$ l trockener Weißwein

1. Zwiebel und Knoblauch schälen, in kleine Würfel schneiden und im erhitzten Öl glasig braten. Den Reis hinzufügen und mitanschwitzen. Mit Fleischbrühe aufgießen und zugedeckt bei schwacher Hitze etwa 15 bis 20 Minuten kochen lassen.
2. Paprika und Tomaten waschen und jeweils am Stielansatz einen Deckel abschneiden. Von den Paprikaschoten die Kerne mitsamt den dicken Rippen herauslösen, die Tomaten mit einem Teelöffel aushöhlen und das Fruchtfleisch aufbewahren. Den Backofen auf 180° C vorheizen.

3. Den gegarten Reis mit den Eiern und der Petersilie unter das Hackfleisch mischen und mit Salz, Pfeffer und Paprika würzen. Die Fleischfarce auf die innen leicht gesalzenen Schoten und Tomaten verteilen und diese jeweils mit ihrem Deckel verschließen.
4. Die Tomatenstücke mit dem zurückgelassenen Tomatenfleisch in eine große Auflaufform geben, mit Tomatenmark, Knoblauch und Wein verrühren, mit Salz und Pfeffer würzen. Die Paprikaschoten so in die Sauce stellen, daß Zwischenräume für die Tomaten bleiben. Zugedeckt 40 Minuten im Backofen garen.
5. Dann die Tomaten zwischen die Schoten stellen und zugedeckt in weiteren 20 Minuten fertig garen.

Pro Person:
Kalorien (kcal) 585
Eiweiß (g) 46
Fett (g) 31
Kohlenhydrate (g) 24

■ ■ ■ ■ ■ ■ ■ ■ ■ ■ ■

 Obwohl man das ganze Jahr über Paprika und Tomaten bekommt, schmeckt das Gericht am besten im Spätsommer, wenn dieses Gemüse sonnenreif geerntet wird. Zu dieser Zeit sollten Sie die Tomatensauce aus frischen Tomaten zubereiten.

■ ■ ■ ■ ■ ■ ■ ■ ■ ■ ■

Reis vorgaren
Unter die glasig gebratenen Zwiebel- und Knoblauchwürfel den Reis rühren, etwas anbraten und mit der Fleischbrühe aufgießen. Zugedeckt bei schwacher Hitze ausquellen lassen. Der Reis muß noch Biß haben.

Paprika aushöhlen
Deckel abschneiden und die Samenstränge mit einem kleinen Gemüsemesser aus den Schoten herauslösen. Unter fließend kaltem Wasser ausspülen, bis alle Kerne entfernt sind.

Tomaten aushöhlen
Von den Tomaten das obere Drittel als Deckel abschneiden. Das Fruchtfleisch mit einem kleinen Löffel vorsichtig herauslösen und aufbewahren. Schoten und Tomaten mit Salz und Pfeffer würzen.

Gemüse füllen
Die Fleischfarce mit Hilfe eines Löffels in das ausgehöhlte Gemüse füllen. Es soll etwas von der Füllung darüber hinausragen. Den Deckel daraufdrücken.

Gemüse garen
Die Tomaten zwischen den vorgegarten Paprikaschoten plazieren. Die Paprikaschoten mit etwas Tomatensauce begießen und zugedeckt auf der mittleren Schiene fertig garen.

ZANDERFILET IN PAK-CHOI-BLÄTTERN

Für 4 Personen
Zubereitungszeit: 50 Minuten

1 große Staude Pak-Choi

Salz

400 g rohes Lachsfilet

2 Eigelb

gemahlener weißer Pfeffer

etwas Zitronensaft

1 EL Noilly Prat

2 Eiweiß

4 Zanderfilets à 125 g

2 Schalotten

2 Fleischtomaten

20 g Butter

$^{1}/_{8}$ l trockener Weißwein

2 EL Crème fraîche

einige Kerbelzweige

1. Von der Pak-Choi-Staude
8 große Blätter ablösen und in
kochendem Salzwasser
$^{1}/_{2}$ Minute blanchieren. Mit
einem Schaumlöffel herausheben und in eiskaltes Wasser
legen.
2. Das gut gekühlte Lachsfilet
in Stücke schneiden, im Mixer
rasch pürieren, dabei Eigelb,
Salz, Pfeffer, Zitrone und Noilly
Prat hinzufügen. Eiweiß zu
steifem Schnee schlagen und
unter die Fischmasse ziehen.
3. Den Backofen auf 220° C
vorheizen.

4. Jeweils 2 Pak-Choi-Blätter
übereinanderlegen. Die leicht
gesalzenen Zanderfilets jeweils
in die Mitte geben und mit der
Lachsfarce bestreichen. Mit
den Blättern umhüllen.
5. Die Schalotten schälen und
in feine Würfel schneiden. Die
Tomaten häuten (siehe Seite
26) und in Würfel schneiden.
6. Die Schalotten in der Butter
glasig dünsten, die Tomatenwürfel dazugeben. Mit Wein
ablöschen, in eine feuerfeste
Form gießen und die Fisch-
Pakete hineinlegen. Zugedeckt
15 bis 20 Minuten garen.
7. Den Bratfond in einen Topf
gießen, Crème fraîche unterrühren und bei starker Hitze
sämig kochen lassen. Von der
Kochstelle nehmen und den
gehackten Kerbel unter-
mischen. Die Fischpäckchen
in schräge Scheiben schneiden
und mit der Sauce servieren.

Pro Person:
Kalorien (kcal) 465
Eiweiß (g) 50
Fett (g) 24
Kohlenhydrate (g) 6

■ ■ ■ ■ ■ ■ ■ ■ ■ ■ ■

Anstelle
der Pak-Choi-Blätter Mangold-
blätter verwenden.

■ ■ ■ ■ ■ ■ ■ ■ ■ ■ ■

ROTKOHLROULADEN MIT WILDFÜLLUNG

Für 4 Personen
Zubereitungszeit:
1 Stunde 15 Minuten

1 großer Rotkohl
Salz
500 g Wildfleisch aus der Keule
200 g Pfifferlinge
100 g fetter Räucherspeck
1 Zwiebel
1 Ei
2 EL Paniermehl
1 Msp. gemahlener Piment
$1/2$ TL gerebelter Thymian
4 EL Öl
1 EL Rotweinessig
$1/8$ l trockener Rotwein
$1/4$ l Wildfond
1 EL Preiselbeerkonfitüre
2 EL Crème fraîche

1. Vom Kohlkopf äußere welke Blätter entfernen, dann den Kopf 5 Minuten in kochendem Salzwasser vorgaren. Mit dem Schaumlöffel herausheben und 8 große Blätter ablösen.

2. Das Wildfleisch durch den Fleischwolf drehen. Die Pfifferlinge putzen und mit dem Wiegemesser hacken, Speck und geschälte Zwiebel in Würfel schneiden und glasig braten. Die Pilze dazugeben und bei starker Hitze mitanbraten. Etwas abkühlen lassen, dann mit Ei und Paniermehl zum Wildhack geben. Gründlich vermischen und mit den Gewürzen herzhaft abschmecken.

3. Den Backofen auf 200° C vorheizen.

4. Die Blätter ausbreiten, dickere Mittelrippen glattschneiden und jeweils etwas von der Farce daraufgeben. Die Blätter seitlich einschlagen, aufrollen und mit Baumwollfaden umwickeln.

5. Das Öl in einem feuerfesten Topf erhitzen, die Rouladen darin bei starker Hitze rundherum anbraten. Mit Essig und Rotwein ablöschen und zugedeckt auf der mittleren Schiene ca. 35 Minuten garen, dabei zwischendurch mit dem Wildfond begießen.

6. Die Rotkohlwickel herausnehmen und warmstellen. Den Bratfond auf der Herdplatte mit Preiselbeeren und Crème fraîche verrühren und sämig einkochen lassen.

Pro Person:
Kalorien (kcal) 515
Eiweiß (g) 34
Fett (g) 36
Kohlenhydrate (g) 8

■ ■ ■ ■ ■ ■ ■ ■ ■ ■ ■ ■ ■ ■

Auf die gleiche Weise werden auch Weißkohlrouladen mit einer Füllung aus gemischtem Hackfleisch zubereitet. Braten Sie die Rouladen in 50 g ausgelassenen Speckwürfeln an und gießen Sie mit Weißwein auf. Die Sauce mit Crème fraîche einkochen oder mit etwas Speisestärke binden.

■ ■ ■ ■ ■ ■ ■ ■ ■ ■ ■ ■ ■ ■

SPINAT-STRUDEL

Für 4 Personen
Zubereitungszeit:
1 Stunde 30 Minuten

Für den Teig:

200 g Mehl, Salz

2 Eier

1 TL Öl

Für die Füllung:

1 kg frischer Spinat

1 große Zwiebel

1 Knoblauchzehe

3 EL Olivenöl

frisch gemahlener Pfeffer

geriebene Muskatnuß

150 g Gorgonzola

50 g Pinienkerne

80 g Butter

3 bis 4 frische Salbeiblätter

1. Aus Mehl, Salz, Eiern und Öl einen glatten Nudelteig kneten und mit einem Tuch bedeckt 20 Minuten ruhen lassen.
2. In der Zwischenzeit den Spinat gründlich verlesen, sorgfältig waschen und in reichlich kochendem Salzwasser 1 bis 2 Minuten blanchieren. In einem Sieb gut abtropfen lassen, anschließend ausdrücken und mit einem Wiegemesser hacken.
3. Zwiebel und Knoblauch schälen, in kleine Würfel schneiden und im erhitzten Öl glasig braten. Den Spinat hinzufügen und kurz mitanschwitzen. Mit Salz, Pfeffer und Muskat würzen und von der Kochstelle nehmen.

4. In einem großen, länglichen Topf reichlich Salzwasser zum Kochen bringen.
5. Den Nudelteig auf einer bemehlten Arbeitsfläche etwa 3 mm dick zu einem Rechteck von 30 mal 40 cm ausrollen. Fingerdick mit der abgekühlten Spinatmasse bestreichen und mit dem in kleine Stückchen geschnittenen Gorgonzola und den gehackten Pinienkernen bestreuen.
6. Von der schmalen Seite her aufrollen und fest mit einem Geschirrtuch umhüllen. Die beiden Enden mit einem Bindfaden wie eine Wurst abbinden. Vorsichtig in leicht siedendes Salzwasser geben und in ca. 35 Minuten garziehen lassen.
7. Die Rolle vorsichtig mit zwei Schaumkellen herausheben und vor dem Auspacken gut abdampfen lassen. Butter mit den Salbeiblättern erhitzen und die in Scheiben geschnittene Roulade damit begießen.

Pro Person:
Kalorien (kcal) 715
Eiweiß (g) 25
Fett (g) 48
Kohlenhydrate (g) 41

■ ■ ■ ■ ■ ■ ■ ■ ■ ■ ■ ■ ■

Bereiten Sie die Roulade auch einmal mit kleingewürfeltem Mozzarella anstelle des Gorgonzolas zu und reichen Sie bei Tisch frisch geriebenen Parmesan dazu.

■ ■ ■ ■ ■ ■ ■ ■ ■ ■ ■ ■ ■

WIRSINGSTRUDEL

**Für 6 Personen
Zubereitungszeit:
1 Stunde 30 Minuten**

Für den Teig:

250 g Mehl

Salz

1 EL Öl

1 Ei

6 bis 8 EL lauwarmes Wasser

Für die Füllung:

1 kleiner Kopf Wirsing, ca. 1 kg

2 mittelgroße Äpfel

50 g Sonnenblumenkerne

4 EL geschmacksneutrales Öl

1 TL Curry

frisch gemahlener Pfeffer

$1/8$ l Crème fraîche

1 TL Dijon-Senf

2 EL Paniermehl

20 g Butter für das Blech

1 Eigelb

1. Aus Mehl, Salz, Öl, Ei und Wasser einen Strudelteig kneten und zugedeckt 20 Minuten ruhen lassen.
2. Kohlkopf vierteln, Strunk entfernen und den Wirsing in Streifen schneiden. Die Äpfel schälen, vierteln, Kerngehäuse entfernen. Die Äpfel in Scheibchen schneiden. Die Sonnenblumenkerne in einer Pfanne trocken rösten.
3. Das Öl in einer großen Pfanne erhitzen, die Gemüsestreifen darin unter ständigem Rühren anbraten, keinesfalls bräunen lassen. Die Äpfel dazugeben und anbraten. Mit Curry, Salz und Pfeffer würzig abschmecken. Von der Kochstelle nehmen und Crème fraîche, Senf und 40 g Sonnenblumenkerne untermischen.

4. Den Backofen auf 200° C vorheizen.
5. Den Strudelteig zu einem Rechteck ausrollen und über dem Handrücken so dünn wie möglich ausziehen. Die Teigplatte auf ein bemehltes Tuch legen, mit Öl bestreichen und mit Paniermehl bestreuen. Die Wirsingmasse gleichmäßig darauf verteilen. Von der Längsseite her mit Hilfe des Tuches aufrollen, die Enden festdrücken.
6. Auf ein gefettetes Backblech geben, mit verquirltem Eigelb bestreichen und mit den restlichen Kernen bestreuen. Auf der mittleren Schiene in ca. 45 Minuten goldbraun backen.

Pro Person:
Kalorien (kcal) 435
Eiweiß (g) 13
Fett (g) 22
Kohlenhydrate (g) 45

CONCHIGLIE MIT BROCCOLI

In italienischen Küchen ist die Kombination von Pasta und Gemüse nicht nur üblich, sondern zu höchster Perfektion kultiviert. Die vielen Nudelsorten und das reiche Angebot an Gemüse lassen der Rezeptvielfalt einen unvergleichlichen Spielraum. Mal wird das Gemüse erst blanchiert und dann mit Sahne sämig gekocht, mal brät man das rohe Gemüse in reichlich Olivenöl an, bevor man es mit den »al dente« gekochten Nudeln vermischt. Die Einfachheit der Zubereitung steht in keinem Verhältnis zum kulinarischen Erfolg!

Für 4 Personen
Zubereitungszeit: 30 Minuten

800 g Broccoli

Salz

1 Zwiebel

1 Knoblauchzehe

1 rote Paprikaschote

$1/2$ frische, rote Peperoni

4 EL Olivenöl

frisch gemahlener Pfeffer

$1/4$ l Sahne

2 EL Tomatenstücke aus

der Packung oder

1 gehäutete Tomate

300 g Conchiglie

(Muschelnudeln)

60 g frisch geriebener Pecorino

1. Broccoli waschen, putzen und in Röschen teilen, die Stiele in Würfel schneiden. Röschen und Stiele in kochendem Salzwasser einige Minuten blanchieren.
2. Zwiebel und Knoblauch schälen, Paprikaschote waschen, halbieren, Stielende und Kerne entfernen und alles in Würfel schneiden. Die Peperoni fein hacken.
3. Das Öl in einer großen, hochwandigen Pfanne erhitzen und Zwiebel, Knoblauch, Paprika und Peperoni darin anschwitzen und unter Rühren weich braten. Den abgetropften Broccoli zum Gemüse geben, mit Salz und Pfeffer würzen, mit Sahne aufgießen und die Tomatenstücke hinzufügen. Bei mittlerer Hitze etwas einkochen lassen, dabei gelegentlich umrühren.
4. Währenddessen die Nudeln in reichlich kochendem Salzwasser oder im Kochwasser des Broccoli al dente kochen.
5. Die Conchiglie in ein Sieb schütten und gut abgetropft in die Pfanne zu der Broccolisauce geben. Die Hälfte des Pecorinos hinzufügen und alles gründlich miteinander vermischen. Den restlichen Käse getrennt dazu reichen.

Pro Person:
Kalorien (kcal) 680
Eiweiß (g) 23
Fett (g) 35
Kohlenhydrate (g) 65

■ ■ ■ ■ ■ ■ ■ ■ ■ ■

Aus selbst zubereiteten Nudeln schmeckt dieses Gericht besonders fein. Aber auch gute Feinkostgeschäfte bieten frische Teigwaren an. Beachten Sie, daß bei frisch zubereiteten Nudeln die Garzeit wesentlich kürzer ist.

■ ■ ■ ■ ■ ■ ■ ■ ■ ■

Gemüse vorbereiten
Broccoli putzen und in kleine Röschen teilen, die Stiele in Würfel schneiden. Geschälte Zwiebel und Knoblauch sowie die geputzte, halbierte Paprikaschote in kleine Würfel, die Peperoni in feine Ringe schneiden.

Gemüse anbraten
Am besten eignet sich für dieses und die nachfolgenden Gerichte eine große hochwandige Pfanne, in der auch noch die Nudeln Platz finden. Unter Rühren mit einem Kochlöffel das Gemüse darin anschwitzen.

Nudeln kochen
Während die Gemüsesauce kocht, 4 l Wasser mit 40 g Salz in einem großen Topf zum Kochen bringen und die Nudeln darin in 8 bis 12 Minuten je nach Sorte al dente kochen. Zwischendurch immer wieder überprüfen, daß die Pasta nicht zu weich wird.

Gemüse und Nudeln vermischen
Die in einem Sieb gut abgetropften Nudeln sofort, ohne Abschrecken mit kaltem Wasser, in die Pfanne zum Gemüse geben.

Mit Käse vermischen
Geriebenen Käse darüberstreuen, alles gründlich, am besten mit zwei Holzlöffeln, vermischen und noch einmal kurz erhitzen.

GEMÜSE UND NUDELN

Für 4 Personen rechnet man 300 g Pasta. Beachten Sie die auf der Packung angegebenen unterschiedlichen Garzeiten der Nudelsorten!

1 Tagliatelle mit grünem Spargel

1 kg grünen Spargel nur am unteren Ende schälen und in etwa 10 Minuten bißfest kochen. In Stücke schneiden und in 6 EL Olivenöl kurz anschwitzen. Reichlich frisch gehackte Kräuter und 2 gehäutete, in Würfel geschnittene Fleischtomaten dazugeben und mit Salz und Pfeffer würzen. Die al dente gekochten, gut abgetropften Tagliatelle untermischen und frisch geriebenen Parmesan dazu reichen.

2 Penne mit Zucchini

4 kleine Zucchini waschen, erst in Scheiben, dann in schmale Streifen schneiden. 6 EL Olivenöl erhitzen, 2 gehackte Knoblauchzehen und die Zucchini darin anschwitzen. Mit 1 TL abgezupfter Thymianblättchen bestreuen, mit Salz und Pfeffer würzen und die al dente gekochten, gut abgetropften Penne untermischen. Mit frisch gehackter Petersilie bestreuen und ohne Käse servieren.

3 Spaghetti mit Paprika

3 große Paprikaschoten, gelb, rot und grün oder nur eine Farbe, je nach Geschmack, halbieren und entkernen. Die Schoten häuten und in Würfel schneiden. 2 gehackte Knoblauchzehen in 5 EL Olivenöl anschwitzen, Paprika und 4 feingehackte Sardellen hinzufügen und weich schmoren. 2 EL Kapern sowie die al dente gekochten, gut abgetropften Spaghetti untermischen. Mit feingeschnittenem Basilikum bestreuen.

4 Orecchiette mit Artischocken

6 kleine, junge Artischocken putzen, in Scheiben schneiden, sofort mit Zitronensaft beträufeln und in 50 g erhitzter Butter unter Rühren goldbraun braten. 1 feingehackte Zwiebel hinzufügen, kurz mitanbraten und mit 4 EL Weißwein und 4 EL Sahne aufgießen. Zugedeckt weich schmoren. Das in Streifen geschnittene Basilikum, 2 EL Tomatenstücke, geriebenen Parmesan und die al dente gekochten, gut abgetropften Orecchiette untermischen.

1

2

3

4

5

6

7

8

5 Farfalle mit Erbsen

2 EL Zwiebelwürfel in 50 g Butter anschwitzen, 300 g ausgepalte Erbsen mitanbraten, salzen und pfeffern und 4 gehäutete, in kleine Würfel geschnittene Tomaten sowie 1 EL gehackte Minzeblätter untermischen. Sobald das Gemüse gar ist, mit den al dente gekochten, gut abgetropften Farfalle vermischen und mit frisch geriebenem Parmesan bestreut servieren.

6 Rigatoni mit Tomaten

1 kg vollreife Tomaten häuten, entkernen und in kleine Würfel schneiden. 1 Zwiebel und 2 Knoblauchzehen, in kleine Würfel geschnitten, sowie je 1 Zweig Thymian und Rosmarin in 5 EL Olivenöl anbraten. Tomatenstücke dazugeben, salzen und pfeffern und bei mittlerer Hitze sämig kochen. Die al dente gekochten, gut abgetropften Rigatoni untermischen und mit geriebenem Pecorino servieren.

7 Ditalini mit Gemüse

250 g Zucchini und 250 g geschälte Möhren in kleine Würfel, 4 Stengel Stauden-sellerie in dünne Scheiben schneiden. 5 EL Olivenöl in einer hochwandigen Pfanne erhitzen und 1 gehackte Knoblauchzehe darin anrösten. Das vorbereitete Gemüse dazugeben und unter Rühren anschwitzen. Mit Salz und Pfeffer würzen. Kurz bevor das Gemüse gar ist, 100 g ausgepalte Erbsen dazugeben und diese in wenigen Minuten gar werden lassen. Die al dente gekochten, gut abgetropften Ditalini und 2 EL feingehackte Petersilie sowie 1 EL fein-geschnittene Basilikumblätter untermischen und mit frisch geriebenem Parmesan servieren.

8 Fusilli mit Auberginen, Pilzen und Tomaten

2 mittelgroße Auberginen in Scheiben schneiden und salzen. Nach 30 Minuten ausdrücken und die Scheiben in Würfel schneiden. 100 g Steinpilze putzen und vierteln. 5 EL Olivenöl erhitzen und 2 EL Zwiebelwürfel sowie 1 gehackte Knoblauchzehe darin anschwitzen. Die Auberginenwürfel und die Pilze dazugeben und goldbraun anrösten. Mit Salz, Pfeffer und 1 TL Thymianblättchen würzen und die Tomatenwürfel dazugeben. Einige Minuten durchkochen lassen, dann die al dente gekochten, gut abgetropften Fusilli und 2 bis 3 EL frisch geriebenen Pecorino untermischen.

GEMÜSERAVIOLI IN TOMATENSAUCE

**Für 4 Personen
Zubereitungszeit:
1 Stunde 15 Minuten**

Für den Teig:

400 g Mehl

4 Eier

1 EL Öl

Für die Füllung:

1 kleine rote Paprikaschote

1 große Möhre

1 Stange Staudensellerie

1 kleiner Zucchino

2 EL ausgepalte Erbsen

30 g Butter

Salz

200 g Ricotta,

ersatzweise Schichtkäse

1 Eigelb

60 g geriebener Parmesan

8 bis 10 Basilikumblätter

frisch gemahlener Pfeffer

Für die Sauce:

700 g vollreife Tomaten

1 bis 2 Knoblauchzehen

3 EL Olivenöl

je 1 Zweig Rosmarin und

Thymian

$1/8$ l Fleischbrühe

50 g geriebener Parmesan

1. Aus Mehl, Eiern und Öl einen Nudelteig zubereiten und mit einem Tuch bedeckt 20 Minuten ruhen lassen.
2. In der Zwischenzeit das Gemüse waschen, putzen und in kleine Würfel schneiden. Die Butter in einer Pfanne erhitzen und die Gemüsewürfel sowie die Erbsen darin bei mittlerer Hitze etwa 5 Minuten anschwitzen. Salzen und abkühlen lassen.

3. Den Ricotta mit Eigelb und Parmesan glattrühren, das Gemüse sowie die fein geschnittenen Basilikumblätter untermischen, mit Salz und Pfeffer würzen.
4. Die Tomaten häuten, entkernen und in Stücke schneiden. Die geschälten, gehackten Knoblauchzehen im erhitzten Öl anbraten. Tomaten und Kräuter hinzufügen und mit Fleischbrühe aufgießen. 20 Minuten leise köcheln lassen.
5. Den Nudelteig halbieren und jeweils 2 mm dick ausrollen. Auf eine Teighälfte im Abstand von 4 cm mit einem Teelöffel etwas Gemüsemasse geben. Die zweite Teigplatte darüberlegen und rund um die Füllung gut festdrücken. Mit einem Teigrädchen Quadrate um die Füllung herum ausrollen, die Ränder noch einmal zusammendrücken.
6. Die Ravioli portionsweise im leicht siedenden Salzwasser in 3 bis 5 Minuten al dente kochen, herausheben, abtropfen lassen und auf vorgewärmte Teller verteilen. Mit der Tomatensauce begießen und mit Parmesan servieren.

Pro Person:
Kalorien (kcal) 860
Eiweiß (g) 37
Fett (g) 40
Kohlenhydrate (g) 83

CANNELLONI MIT RADICCHIOFÜLLUNG

Für 4 Personen
Zubereitungszeit: 1 Stunde

500 g vollreife Tomaten

1 Möhre

2 Zwiebeln

1 Stange Staudensellerie

8 EL Olivenöl

1 Zweig frischer Oregano

Salz

frisch gemahlener Pfeffer

$^1/_8$ l Fleischbrühe

500 g Treviso-Radicchio

2 kleine Zucchini (250 g)

50 g durchwachsener Speck

2 Knoblauchzehen

250 g Ricotta

(ersatzweise Schichtkäse)

1 Bund Basilikum

100 g Bel Paese (Butterkäse)

ca. 20 fertig gekaufte

Cannelloni (je nach

Durchmesser)

60 g geriebener Parmesan

1. Tomaten häuten und in Stücke schneiden. Möhre und Zwiebeln schälen, Staudensellerie waschen und alles in kleine Würfel schneiden.

2. 3 EL Öl erhitzen und Möhre, Sellerie und die Hälfte der Zwiebeln darin anbraten. Die Tomaten und den Oregano dazugeben, salzen und pfeffern und mit Fleischbrühe aufgießen. Zugedeckt bei schwacher Hitze etwa 20 Minuten köcheln lassen.

3. Die Radicchioköpfe putzen, waschen und in feine Streifen schneiden. Zucchini waschen und erst der Länge nach in dünne Scheiben, dann quer in feine Streifen schneiden. Die Knoblauchzehen fein hacken, den Speck in Würfel schneiden.

4. 3 EL Olivenöl erhitzen und die Zwiebel-, Knoblauch- und Speckwürfel darin glasig braten. Die Gemüsestreifen dazugeben und bei starker Hitze scharf anbraten. Mit Salz und Pfeffer würzen und von der Kochstelle nehmen. Den Backofen auf 200° C vorheizen.

5. Ricotta in einer Schüssel verrühren und das feingeschnittene Basilikum, den in kleine Würfel geschnittenen Käse sowie das abgekühlte Gemüse untermischen. Noch einmal würzig abschmecken und die Füllung mit einem Teelöffel in die Cannelloni füllen.

6. Die Nudelrollen nebeneinander in eine flache, feuerfeste Auflaufform schichten, mit der Tomatensauce begießen, mit Parmesan bestreuen und mit dem restlichen Öl beträufeln. Auf der mittleren Schiene etwa 30 Minuten backen.

Pro Person:
Kalorien (kcal) 815
Eiweiß (g) 30
Fett (g) 50
Kohlenhydrate (g) 56

GEMÜSEREIS »PRIMAVERA«

Risotto ist eine norditalienische Spezialität, die mit ihrer Verbreitung über das Land alle Farben und Geschmacksrichtungen der Regionalküche angenommen hat. Die Kunst der Herstellung ist sehr leicht zu beherrschen, wenn man sich die Zeit nimmt, dem Risotto dauernde Aufmerksamkeit zu widmen. Nur dann gelingt er in aller Schönheit: glänzend und feucht. Niemals darf der Reis trocken sein!

Für 4 Personen
Zubereitungszeit: 45 Minuten

150 g wilder Spargel, ersatzweise grüner Spargel

2 kleine Artischocken

Saft von 1 Zitrone

1 junge Möhre

2 Schalotten

100 g junge Bohnen

50 g ausgepalte Erbsen

5 EL Olivenöl

20 g Butter

200 g Arborioreis

ca. $^3/_4$ l kochendheiße Fleischbrühe

Salz

frisch gemahlener Pfeffer

1 EL gehackte Frühlingskräuter, z.B. Basilikum, Petersilie, Estragon, Rucola

30 g geriebener Parmesan

1. Den Spargel putzen und in Stücke schneiden. Die Köpfe beiseite legen. Von den Artischocken harte Blattspitzen entfernen, vierteln und in Wasser mit Zitronensaft legen. Möhre und Schalotten schälen und in Würfel schneiden. Von den Bohnen die Enden abknipsen und die Bohnen in 2 cm lange Stücke schneiden.

2. Olivenöl und Butter in einem Schmortopf erhitzen, die Schalotten darin glasig braten. Das Gemüse, bis auf die Spargelspitzen und die Erbsen, nach und nach dazugeben und mitanbraten.
3. Den Reis darüberstreuen, mit Salz und Pfeffer würzen und unter Rühren etwa ein Viertel der heißen Fleischbrühe dazugießen. Etwa 20 Minuten sprudelnd kochen lassen, dabei immer wieder etwas Fleischbrühe nachgießen und umrühren. Nach ca. 10 Minuten das restliche Gemüse dazugeben.
4. Das Risotto ist fertig, wenn alle Flüssigkeit aufgesogen ist. Käse und Kräuter untermischen.

Pro Person:
Kalorien (kcal) 410
Eiweiß (g) 10
Fett (g) 19
Kohlenhydrate (g) 48

Man sollte Risotto bei der Zubereitung nie aus den Augen lassen und immer wieder, kurz bevor die Flüssigkeit verkocht ist, heiße Brühe nachgießen.

STEINPILZ-REIS

BUNTER PAPRIKAREIS

Für 4 Personen
Zubereitungszeit: 40 Minuten

250 g Steinpilze

1 Zwiebel

5 EL Olivenöl

20 g Butter

200 g Arborioreis

Salz

frisch gemahlener Pfeffer

ca. $3/4$ l heiße Fleischbrühe

1 Bund Petersilie

30 g geriebener Parmesan

1. Steinpilze putzen und in Scheiben schneiden, die Zwiebel schälen und in Würfel schneiden.
2. Öl und Butter erhitzen und die Zwiebel glasig braten, die Pilze darin anrösten und den Reis dazugeben. Mit Salz und Pfeffer würzen und nach und nach die heiße Brühe dazugießen. In etwa 20 Minuten sprudelnd garkochen lassen (siehe Gemüsereis »Primavera«).
3. Zum Schluß gehackte Petersilie und Käse untermischen.

Pro Person:
Kalorien (kcal) 385
Eiweiß (g) 8
Fett (g) 19
Kohlenhydrate (g) 43

Für 4 Personen
Zubereitungszeit: 45 Minuten

je 1 rote, gelbe und

grüne Paprikaschote

1 bis 2 Knoblauchzehen

6 EL Olivenöl

200 g Arborioreis

Salz

frisch gemahlener Pfeffer

$1/2$ TL gerebelter Thymian

ca. $3/4$ l heiße Fleischbrühe

30 g geriebener Pecorino

1 Bund Schnittlauch

1. Paprikaschoten waschen, halbieren, Stengelansatz und Kerne entfernen. Das Fruchtfleisch in kleine Würfel schneiden. Knoblauchzehen fein hacken.
2. Öl erhitzen und das Gemüse darin anbraten. Mit Reis und Thymian bestreuen und nach und nach mit der heißen Fleischbrühe aufgießen. Sprudelnd gar kochen (siehe Gemüsereis »Primavera«).
3. Den Käse untermischen und mit Schnittlauch bestreuen.

Pro Person:
Kalorien (kcal) 370
Eiweiß (g) 8
Fett (g) 18
Kohlenhydrate (g) 43

GEMÜSE-REIS-AUFLAUF

Für 4 Personen
Zubereitungszeit:
1 Stunde 15 Minuten

1 Bund Frühlingszwiebeln

je 1 gelbe und 1 rote

Paprikaschote

2 große Möhren

100 g grüne Bohnen

3 EL Öl

200 g Langkornreis

Salz

frisch gemahlener Pfeffer

$^1/_2$ l Gemüsebrühe

100 g Butter oder Margarine

4 Eigelb

100 g geriebener Hartkäse,

z. B. Emmentaler oder Gruyère

1 Bund Petersilie

1 TL Paprika, edelsüß

4 Eiweiß

Fett für die Form

1. Das Gemüse waschen und putzen. Die Frühlingszwiebeln mit einem Teil des Grüns in Scheiben, die Paprikaschoten und die geschälten Möhren in Würfel und die Bohnen in etwa 3 cm lange Stücke schneiden.
2. Das Öl in einem Schmortopf erhitzen und das Gemüse darin anbraten. Den Reis darüberstreuen, mitanbraten und mit Salz und Pfeffer würzen. Mit der Gemüsebrühe aufgießen. Aufkochen lassen und zugedeckt bei schwacher Hitze etwa 20 Minuten ausquellen lassen. Dann in eine Schüssel geben und abkühlen lassen.

3. Den Backofen auf 200° C vorheizen. 80 g Butter und Eigelb cremig rühren, 80 g Käse und die gehackte Petersilie hinzufügen. Den Gemüsereis untermischen und mit Salz, Pfeffer und Paprika würzig abschmecken.
4. Die Eiweiß zu steifem Schnee schlagen und unter die Gemüsemasse ziehen.
5. Die Masse in eine gut gefettete Auflaufform füllen, die Oberfläche glattstreichen und mit Butterflöckchen belegen. Auf der mittleren Schiene in ca. 40 Minuten goldbraun backen, nach 15 Minuten Backzeit den Auflauf mit dem restlichen Käse bestreuen.

Pro Person:
Kalorien (kcal) 690
Eiweiß (g) 21
Fett (g) 43
Kohlenhydrate (g) 50

 Wer den Auflauf nicht ganz so vegetarisch möchte, fügt 100 g in Würfel geschnittenen, gekochten Schinken hinzu.

THAILÄNDISCHER GEMÜSEREIS MIT GARNELEN

Dieses Gericht läßt sich besonders gut in einem Wok herstellen. Die chinesische Eisenpfanne mit gerundetem Boden und hochgezogenem Rand wird in der asiatischen Küche vor allem zum Pfannenrühren verwendet. Mit dieser Methode läßt sich das Gemüse ausgezeichnet bißfest braten, wie es nicht nur für ein thailändisches Gericht ideal ist.

Für 4 Personen
Zubereitungszeit: 35 Minuten

1 Zwiebel

2 Knoblauchzehen

100 g Blumenkohl

100 g Broccoli

100 g Weißkohl

100 g Möhren

2 Stangen Staudensellerie

50 g Zuckerschoten

50 g Mungosprossen

8 EL Öl

Salz

frisch gemahlener Pfeffer

Cayennepfeffer

1 bis 2 EL Sojasauce

300 g gekochter Langkornreis

$1/8$ l Fischfond

2 cl Reiswein oder Fino-Sherry

8 Garnelen mit der Schale

Saft von 1 Limette

2 EL Sesamsamen

1 EL fein gehackte Cilantroblätter (Koriandergrün)

1. Zwiebel und Knoblauch schälen und in kleine Würfel schneiden. Blumenkohl und Broccoli in Röschen zerteilen, Weißkohl in feine Streifen und die geschälten Möhren und den Staudensellerie in Scheiben schneiden. Von den Zuckerschoten die Enden abknipsen.

2. 5 EL Öl in einem Wok oder einer hochwandigen Pfanne erhitzen und erst die Zwiebel- und Knoblauchwürfel darin glasig braten, dann nach und nach das vorbereitete Gemüse hinzufügen. Unter ständigem Rühren in etwa 6 bis 8 Minuten bißfest braten.

3. Mit Salz, Pfeffer, Cayennepfeffer und Sojasauce würzen und den Reis untermischen. Mit Fischfond, Reiswein oder Sherry aufgießen, gründlich vermischen und alles kurz erhitzen.

4. In einer zweiten Pfanne das restliche Öl erhitzen und die Garnelen darin von beiden Seiten kurz anbraten. Mit Limettensaft beträufeln.

5. Die Sesamsamen trocken in einer Pfanne rösten.

6. Den Gemüsereis mit Cilantro und Sesam bestreuen und mit den Garnelen belegt servieren.

Pro Person:
Kalorien (kcal) 450
Eiweiß (g) 30
Fett (g) 25
Kohlenhydrate (g) 21

TORTILLA

Die klassische spanische Tortilla ist ein Kartoffelomelett, das jedoch mit unserer Vorstellung von Omelett wenig zu tun hat. Die einzige Gemeinsamkeit sind die Eier, die die Zutaten zusammenhalten. In mundgerechte Happen geschnitten, wird die Tortilla in vielen Regionen des Landes zum Aperitif serviert. Mit anderen Zutaten vermischt, etwa mit Wurst, Paprikaschoten oder Fisch, ist sie als der berühmteste Imbiß Spaniens bei jeder kulinarischen Gelegenheit zu finden.

Für 4 Personen
Zubereitungszeit: 45 Minuten

800 g vorwiegend
festkochende Kartoffeln

2 bis 3 Knoblauchzehen

8 EL Olivenöl

Salz

frisch gemahlener Pfeffer

8 Eier

1. Die Kartoffeln schälen, waschen und in dünne Scheiben schneiden. Die Knoblauchzehen schälen und fein hacken.
2. In einer großen beschichteten Pfanne (Durchmesser 28 cm) 5 EL Öl erhitzen und die Kartoffelscheiben darin anbraten. Mit Knoblauch bestreuen, salzen und pfeffern und zugedeckt bei mittlerer Hitze etwa 10 Minuten dünsten, dabei zwischendurch die Pfanne schütteln.
3. Den Deckel abnehmen und die Kartoffelscheiben bei starker Hitze goldbraun braten. Dann in ein Sieb schütten und das überschüssige Fett abtropfen lassen.
4. In einer großen Schüssel die Eier mit einem Schneebesen schaumig schlagen, die Kartoffelscheiben untermischen und noch einmal mit Salz und Pfeffer würzen.
5. 2 EL Öl in der Pfanne erhitzen, die Kartoffel-Eier-Mischung hineingeben und zugedeckt bei mittlerer Hitze in etwa 4 bis 5 Minuten stocken lassen.

6. Mit Hilfe des Pfannendeckels die Tortilla wenden. Das restliche Öl in die Pfanne gießen und die zweite Seite des Omeletts in wenigen Minuten goldbraun braten.
7. Die Tortilla auf eine große Platte gleiten lassen und mit Salat als Hauptgericht reichen. Tortillas schmecken auch abgekühlt in kleine Stücke geschnitten, als Vorspeise oder als kleine Häppchen zwischendurch.

Pro Person:
Kalorien (kcal) 510
Eiweiß (g) 18
Fett (g) 32
Kohlenhydrate (g) 32

■ ■ ■ ■ ■ ■ ■ ■ ■ ■

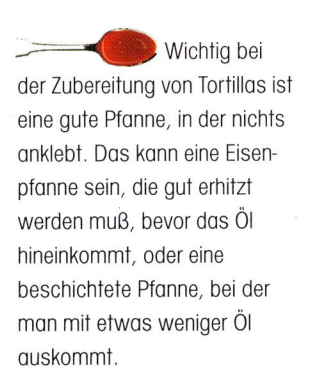 Wichtig bei der Zubereitung von Tortillas ist eine gute Pfanne, in der nichts anklebt. Das kann eine Eisenpfanne sein, die gut erhitzt werden muß, bevor das Öl hineinkommt, oder eine beschichtete Pfanne, bei der man mit etwas weniger Öl auskommt.

■ ■ ■ ■ ■ ■ ■ ■ ■ ■

Kartoffeln vorbereiten
Die geschälten, gewaschenen Kartoffeln mit dem Gurkenhobel oder einem Messer in dünne Scheiben schneiden. Große Kartoffeln halbieren, damit die Scheiben nicht zu groß werden.

Kartoffeln anbraten
Das Öl in einer Pfanne erhitzen, die Kartoffeln hineingeben und darin anbraten. Salz, Pfeffer und Knoblauch hinzufügen und zugedeckt bei mittlerer Hitze bißfest garen.

Kartoffeln und Eier mischen
Die gebratenen Kartoffeln auf einem Durchschlag abtropfen lassen. Eier schaumig schlagen, mit Salz und Pfeffer würzen und die Kartoffeln untermischen. Kurz ziehen lassen.

Tortilla braten
2 EL Öl in der Pfanne erhitzen, die Kartoffel-Eiermischung hineingeben, die Oberfläche glattstreichen und zugedeckt in etwa 5 Minuten bei mittlerer Hitze stocken lassen.

Wenden der Tortilla
Die Tortilla auf den Pfannendeckel oder eine Platte gleiten lassen. Erneut etwas Öl in die Pfanne geben und die Tortilla gewendet hineingeben. Auch diese Seite goldbraun braten.

VIVA LA TORTILLA!

Von dem Grundrezept »Tortilla de patatas« lassen sich unzählige Variationen ableiten. Das verwendete Gemüse (600 bis 800 g) muß immer bißfest vorgebraten werden, bevor es mit den schaumig geschlagenen Eiern vermischt wird.
Hier einige Anregungen zum Kombinieren verschiedener Zutaten.

1 Tortilla mit Kartoffeln und Zwiebeln

Jeweils dieselbe Menge milde Zwiebeln und Kartoffeln in dünne Scheiben schneiden und in Öl fast gar braten. Mit Peperoni würzen.

2 Tortilla mit Zucchini

Die Zucchini in Scheiben schneiden und mit gehackten Zwiebeln und Knoblauch anbraten. In Scheiben geschnittene schwarze Oliven dazugeben und mit Thymian würzen.

3 Tortilla mit Auberginen

Die Auberginen in Scheiben schneiden, salzen und ausdrücken. Mit gehacktem Knoblauch in Öl anbraten und mit gehäuteten Tomatenwürfeln bestreuen.

4 Tortilla mit Artischocken

Kleine, zarte Artischocken putzen und in Scheiben schneiden. Mit Schalotten und Schinkenwürfeln anbraten.

5 Tortilla mit Frühlingsgemüse

Junges Frühlingsgemüse nach Wahl (z. B. Möhren, Spargel oder Erbsen) in Öl anbraten. Mit gehackter Petersilie bestreuen.

6 Tortilla mit Pilzen

Je nach Geschmack Zucht- oder Waldpilze, entweder nur eine Sorte oder gemischt, mit gehackten Zwiebeln in Öl anbraten. Mit gehackter Petersilie bestreuen.

7 Tortilla mit Spinat und Kartoffeln

Erst die in Scheiben geschnittenen Kartoffeln mit Zwiebel- und Knoblauchwürfeln anbraten, dann nach 10 Minuten den geputzten jungen Spinat dazugeben.

8 Tortilla mit wildem Spargel

Den geputzten Spargel in kleine Stücke schneiden und mit Schalottenwürfeln in Öl braten. Krabben und gehackten Dill darüberstreuen.

1

2

3

4

5

6

7

8

9 Tortilla mit Paprika und Kartoffeln

Jeweils dieselbe Menge Kartoffeln und Paprika in Würfel geschnitten in Öl braten. Mit Salamiwürfeln oder noch besser mit »chorizo« (typisch spanische Paprikawurst) bestreuen.

10 Tortilla mit dicken Bohnen

Junge dicke Bohnen mit Speck- und Zwiebelwürfeln anbraten und mit Thymian bestreuen.

11 Tortilla mit Gemüsezwiebeln und Kapern

Die Gemüsezwiebel in feine Scheiben schneiden und in Öl glasig braten. Mit eingelegten Kapern bestreuen.

12 Tortilla mit Thunfisch

Kartoffelscheiben und gehackte Zwiebeln vorbraten, etwa 100 g junge Erbsen hinzugeben und zum Schluß 200 g Thunfischstückchen aus der Dose darübergeben.

13 Tortilla mit Radicchio

Speck- und Zwiebelwürfel anbraten und den in Streifen geschnittenen Radicchio, am besten Treviso-Radicchio darübergeben.

14 Tortilla mit Yam

Die geputzten Yam in Scheiben schneiden und mit Zwiebel- und Knoblauchwürfeln braten. Mit feingehacktem Koriandergrün bestreuen.

15 Tortilla mit Lauch

Halb Lauch, halb Kartoffeln in Scheiben schneiden und in Öl anbraten. Eventuell etwas geriebenen Hartkäse unter die Eier mischen.

16 Tortilla mit Blutwurst

Zwiebelwürfel glasig braten, gekochte weiße Bohnenkerne dazugeben und zum Schluß die in Scheiben geschnittene Blutwurst untermischen. (Die spanische Blutwurst heißt »morchilla« und ist süßlichwürzig abgeschmeckt.)

GEMÜSEALLERLEI MIT SCHWEINEFILET UND HONIG

Für 4 Personen
Zubereitungszeit: 30 Minuten

4 Frühlingszwiebeln

150 g Egerlinge

2 Stangen Staudensellerie

2 Möhren

100 g Zuckerschoten

100 g Broccoli

400 g Schweinefilet

5 EL Erdnußöl

Salz

frisch gemahlener Pfeffer

1 Stückchen getrocknete
Pfefferschote

1 TL frisch geraspelte
Ingwerwurzel

1 EL dünnflüssiger Honig

1 EL Aceto Balsamico

1 EL Sojasauce

4 cl Fino-Sherry

1 EL gehackter Cilantro
(Koriandergrün)

1. Das Gemüse putzen und waschen. Frühlingszwiebeln, Pilze, Staudensellerie und die geschälten Möhren in sehr dünne Scheiben schneiden. Von den Zuckerschoten die Enden abknipsen und den Broccoli in kleine Röschen teilen. Das Schweinefilet von anhaftender Haut befreien und in ½ cm dicke Scheiben schneiden.

2. Das Öl in einem Wok oder einer hochwandigen Pfanne erhitzen und nacheinander das vermischte Gemüse darin unter ständigem Rühren etwa 3 bis 4 Minuten anbraten.
3. Dann unter weiterem Rühren die Fleischscheiben mitanbraten und mit Salz, Pfeffer, zerbröselter Pfefferschote und Ingwer würzen. Mit Honig beträufeln und mit Balsamessig, Soja und Sherry aufgießen. Bei starker Hitze kurz durchkochen lassen, dann mit Koriandergrün bestreut servieren. Dazu paßt duftender Basmatireis.

Pro Person:
Kalorien (kcal) 390
Eiweiß (g) 24
Fett (g) 25
Kohlenhydrate (g) 11

- - - - - - - - - - - - - - -

Den Wok nach dem Gebrauch nie mit Spülmittel oder einem rauhen Schwamm säubern. Statt dessen in warmem Wasser einweichen und mit einem weichen Lappen die Speisereste entfernen. Vor dem Gebrauch erst einige Male mit etwas Öl erhitzen und mit Küchenpapier ausreiben. So legt nichts an.

- - - - - - - - - - - - - - -

CURRY-BLUMENKOHL MIT KRABBEN

Für 4 Personen
Zubereitungszeit: 30 Minuten

1 großer Blumenkohl

4 Frühlingszwiebeln

1 frische, rote Pfefferschote

1 Knoblauchzehe

5 EL Sojaöl

Salz

frisch gemahlener Pfeffer

1 EL mildes Currypulver

1 Msp. Sambal Oelek

1 EL Zitronensaft

4 cl Fino-Sherry

300 g geschälte Krabben

100 g Crème fraîche

2 EL Kokosraspeln

einige Kerbelzweige

1. Den Blumenkohl putzen und in sehr kleine Röschen zerteilen. Die Frühlingszwiebeln putzen und wie die Pfefferschote in feine Ringe schneiden, die geschälte Knoblauchzehe fein hacken.
2. Sojaöl in einem Wok oder einer hochwandigen Pfanne erhitzen und Frühlingszwiebeln, Knoblauch und Pfefferschote darin anbraten. Die Gewürze hinzufügen und kurz anrösten.
3. Nun die Blumenkohlröschen unter Rühren anbraten, mit Zitronensaft und Sherry ablöschen und zugedeckt bei mittlerer Hitze in etwa 10 Minuten bißfest garen.

4. Die Krabben und die Crème fraîche unter das Gemüse mischen und noch einmal kurz durchkochen lassen.
5. In einer Pfanne die Kokosraspeln ohne Fett rösten und mit den abgezupften Kerbelblättchen über das Blumenkohlgericht streuen. Mit Reis servieren.

Pro Person:
Kalorien (kcal) 315
Eiweiß (g) 18
Fett (g) 21
Kohlenhydrate (g) 6

Auf diese Weise können Sie fast alle frischen Gemüsereste, in feine Streifen oder Scheiben geschnitten, anrösten. Mit asiatischen Gewürzen abgeschmeckt, mit Krabben, Fisch oder Fleisch angereichert, entsteht immer wieder eine kleine fernöstliche Köstlichkeit.

GEFÜLLTE SELLERIESCHNITZEL

Für 4 Personen
Kochzeit der Sellerieknollen:
1 Stunde
Zubereitungszeit: 20 Minuten

2 Sellerieknollen à 500 g

8 Scheiben Lachsschinken

8 kleine Käsescheiben,

z. B. Emmentaler

Salz

frisch gemahlener Pfeffer

20 g Cornflakes

50 g Erdnüsse (ungesalzen)

2 Eier

2 bis 3 EL Mehl

6 EL Erdnußöl

1. Die Sellerieknollen waschen und ungeschält in reichlich Salzwasser in etwa 50 Minuten gar kochen.
2. Die Knollen in kaltem Wasser abkühlen lassen, dann abschälen. In vier gut 1 cm dicke Scheiben schneiden und jede Scheibe noch einmal einschneiden, aber nicht völlig durchschneiden. In diese Öffnung jeweils eine Schinken- und Käsescheibe stecken und fest zusammendrücken. Mit Salz und Pfeffer würzen.
3. Cornflakes und Erdnüsse in ein Tuch geben und mit dem Nudelholz fein zermahlen.
4. Die Sellerieschnitzel zuerst in Mehl, dann in den verquirlten Eiern und zum Schluß in der Cornflakes-Nußmischung wenden. Die Panade gut festdrücken.

5. Öl in einer beschichteten Pfanne erhitzen und die gefüllten Sellerieschnitzel darin von jeder Seite etwa 3 bis 4 Minuten bei mittlerer Hitze goldbraun braten.

Pro Person:
Kalorien (kcal) 440
Eiweiß (g) 21
Fett (g) 30
Kohlenhydrate (g) 17

■ ■ ■ ■ ■ ■ ■ ■ ■ ■ ■ ■ ■

Die Knollen dürfen nicht zu weich gekocht sein, da sie sonst beim Durchschneiden leicht brechen. Die Selleriescheiben schmecken ebenfalls sehr raffiniert, wenn man sie mit etwas Gorgonzola füllt. Aber auch ohne Füllung sind die außen knusprigen, innen saftigen Gemüsescheiben eine ideale Beilage zu vielen Wildgerichten.

■ ■ ■ ■ ■ ■ ■ ■ ■ ■ ■ ■ ■

GEMÜSE-KÜCHLEIN

Für 4 Personen
Zubereitungszeit: 45 Minuten

400 g Möhren

400 g Zucchini

1 mittelgroße Zwiebel

1 Knoblauchzehe

50 g durchwachsener Räucherspeck

20 g Butter

2 Eier

80 g geriebener Hartkäse, z. B. mittelalter Gouda

4 bis 5 EL Paniermehl

1 EL gehackte Petersilie

Salz

frisch gemahlener Pfeffer

4 EL Sesamsamen

6 EL Öl

1. Die Möhren schälen und waschen, von den Zucchini die Enden abschneiden. Beide Gemüse auf der groben Seite einer Rohkostreibe raspeln.
2. Zwiebel und Knoblauch schälen, wie den Räucherspeck in kleine Würfel schneiden und in der erhitzten Butter glasig braten.
3. Das geraspelte Gemüse mit der angedünsteten Zwiebelmischung und den Eiern verrühren. Käse und soviel Paniermehl hinzufügen, bis eine formbare Masse entsteht. Die Petersilie untermischen und mit Salz und Pfeffer herzhaft abschmecken.

4. 8 Frikadellen daraus formen. Den Sesamsamen auf einen Teller geben und die Gemüseplätzchen darin wenden.
5. Die Hälfte des Öls in einer Pfanne erhitzen und die Plätzchen darin auf jeder Seite 4 bis 5 Minuten bei mittlerer Hitze anbraten. Die Hitze darf keinesfalls zu stark sein, damit die Sesamsamen nicht zu braun werden. Die Gemüsefrikadellen im vorgeheizten Backofen warmstellen, bis alle fertig gebraten sind. Mit Tomatensauce oder Knoblauchjoghurt und Salzkartoffeln servieren.

Pro Person:
Kalorien (kcal) 590
Eiweiß (g) 17
Fett (g) 37
Kohlenhydrate (g) 38

■ ■ ■ ■ ■ ■ ■ ■ ■ ■ ■ ■ ■

Probieren Sie einmal, Zucchini und Kartoffeln im gleichen Verhältnis zu mischen, und ersetzen Sie den Hartkäse durch geriebenen Schafskäse (Feta), oder mischen Sie Möhren mit Petersilienwurzeln und wenden Sie die Plätzchen dann in Sonnenblumenkernen.
Wenn Sie junge, zarte Möhren verwenden, mischen Sie ein wenig von den frischen Blättern, feingehackt, unter die Gemüsemasse.

■ ■ ■ ■ ■ ■ ■ ■ ■ ■ ■ ■

Einmachen und Einlegen

Die altbewährten, selbstgemachten, würzigen oder süßsauren Spezialitäten aus Großmutters Rezepteschatz sind heute wieder allerorts gefragt.

EINGELEGTES GEMÜSEALLERLEI

Sicherlich kann man Essiggurken oder Mixed Pickles fertig in Gläsern kaufen, aber selbstgemacht, nach eigenem Geschmack gewürzt, sind sie einfach noch besser. Die Zubereitung macht Spaß, und mariniertes Gemüse in einem hübschen Glas ist außerdem ein ausgefallenes Geschenk für liebe Freunde.

Für 4 Gläser à 1 Liter
Zubereitungszeit:
1 Stunde 20 Minuten
Lagerzeit: 5 bis 6 Monate

300 g junge grüne Bohnen

500 g Blumenkohl

500 g junge Möhren

1 gelbe und 1 rote

Paprikaschote

200 g Perlzwiebeln

250 g sehr kleine

Champignons

$^3/_4$ l Weinessig

$^1/_2$ l Wasser

200 g Zucker

4 EL Salz

1 frische Meerrettichwurzel

(ca. 8 cm lang)

1 EL gelbe Senfkörner

1 EL Pfefferkörner

4 Dillblüten

1. Von den Bohnen die Enden abknipsen und einmal in der Mitte durchbrechen. Blumenkohl putzen und in kleine Röschen teilen, Möhren schälen und mit dem Buntmesser in dicke Scheiben schneiden. Die Paprikaschoten putzen und in Würfel schneiden. Die Zwiebeln schälen und die Pilze putzen.
2. Essig, Wasser, Salz und Zucker zum Kochen bringen. Meerrettich schälen, fein hobeln und mit den übrigen Gewürzen in den Essigsud geben. Etwa 5 Minuten kochen lassen.

3. Das vorbereitete Gemüse ohne die Pilze im kochenden Salzwasser 4 bis 5 Minuten blanchieren, die letzten 2 Minuten die Champignons dazugeben. In ein Sieb schütten, gut abtropfen lassen.
4. Das Gemüse bunt gemischt auf vier Gläser mit Schraubverschluß verteilen, jeweils 1 Dillblüte darauflegen und mit dem heißen Sud begießen. Die Gläser sofort verschließen und kühl und dunkel aufbewahren.
5. Nach 3 Tagen den Sud abgießen, erneut aufkochen lassen und wieder über das Gemüse verteilen. Die Gläser gut verschließen und kühl und dunkel aufbewahren.

Pro Glas:
Kalorien (kcal) 200
Eiweiß (g) 9
Fett (g) 1
Kohlenhydrate (g) 37

■ ■ ■ ■ ■ ■ ■ ■ ■ ■ ■ ■ ■

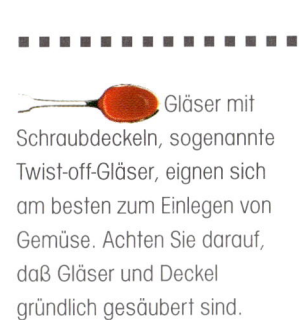 Gläser mit Schraubdeckeln, sogenannte Twist-off-Gläser, eignen sich am besten zum Einlegen von Gemüse. Achten Sie darauf, daß Gläser und Deckel gründlich gesäubert sind.

■ ■ ■ ■ ■ ■ ■ ■ ■ ■ ■ ■ ■

Gemüse vorbereiten
Bohnen entfädeln und in der Mitte durchbrechen, Blumenkohl in gleichmäßige kleine Röschen teilen, Möhren mit dem Buntmesser in $^1/_2$ cm dicke Scheiben schneiden, Paprika in 3 cm große Würfel schneiden, Zwiebeln schälen und wie die Pilze ganz lassen.

Sud kochen
Weinessig, evtl. halb/halb gemischt mit Schalottenessig, Wasser, Zucker und Salz in einen Topf geben. Die geschälte Meerrettichwurzel mit dem Gurkenhobel in dünne Scheiben hobeln und mit den Gewürzen in die Flüssigkeit geben. 5 Minuten kochen lassen.

Gemüse blanchieren
Gemüse in kochendem Salzwasser blanchieren. Die Kochzeit richtet sich nach der Zartheit des Gemüses. In einem Sieb gut abtropfen lassen.

Gemüse in Gläser füllen
Entweder schichtweise oder bunt gemischt in Gläser mit Schraubdeckel, mit Gummiringen oder einem Metallklappverschluß füllen.

Mit Essigsud begießen
Die Gläser auf ein feuchtes Tuch stellen und mit einer Schöpfkelle den heißen Sud über das Gemüse geben. Sofort verschließen! Nach drei Tagen den Sud wieder abgießen, erhitzen und eventuell ein wenig Wasser und Essig hinzufügen, abschmecken und das Gemüse damit bedecken.

GEWÜRZ-GÜRKCHEN

Das Einlegen von Gemüse ist einmal erfunden worden, um die leicht verderblichen Gartenfrüchte haltbar zu machen und Vorräte für den Winter anzulegen. Heute empfiehlt es sich rein aus kulinarischem Vergnügen, denn mit Phantasie eingelegtes Gemüse ist ein besonderer Genuß.

Für 2 Gläser à 1 Liter
Zubereitungszeit: 30 Minuten
Marinierzeit: etwa 1 Tag
Lagerzeit: 5 bis 6 Monate

1 kg sehr kleine Einleggurken

120 g Salz

4 Schalotten

1 Bund Dill

4 Estragonblätter

2 Lorbeerblätter

2 kleine rote Peperoni

3/4 l Weißweinessig

1/2 l Wasser

150 g Zucker

1. Die Gurken mit einer Bürste gründlich unter kaltem Wasser säubern. Angeschlagene Gurken aussortieren.
2. Die Gürkchen in eine große Schüssel geben, mit 80 g Salz bestreuen und etwa 24 Stunden stehen lassen.
3. Die entstandene Flüssigkeit abgießen und die Gürkchen mit einem Tuch gut abtrocknen.
4. Die Schalotten schälen und in feine Ringe schneiden und vom Dill die Blattspitzen abzupfen.
5. Die Gürkchen mit den Schalotten, Dillspitzen, Estragon, Lorbeerblatt und Peperoni in zwei Gläser schichten.

6. Essig, Wasser, restliches Salz und Zucker zum Kochen bringen, einmal aufkochen lassen und heiß über die Gurken gießen. Die Gläser verschließen und kühl und dunkel aufbewahren.
7. Am nächsten Tag den Sud abgießen, erneut aufkochen lassen und über die Gurken gießen.
8. Nach einem weiteren Tag noch einmal die Einlegflüssigkeit abgießen und aufkochen lassen. Nun abgekühlt über die Gürkchen gießen, die Gläser gut verschließen und mindestens 1 Woche durchziehen lassen.

Pro Glas:
Kalorien (kcal) 180
Eiweiß (g) 4
Fett (g) 1
Kohlenhydrate (g) 38

 Ebenso wie die Sauberkeit von Gläsern und Deckeln sind die makellose Qualität und die gründliche Reinigung der Gürkchen für die Haltbarkeit äußerst wichtig!

SÜSS-SAUER EINGELEGTER KÜRBIS

Für 2 Gläser à 1 Liter
Marinierzeit: 24 Stunden
Zubereitungszeit: 40 Minuten
Lagerzeit: 5 bis 6 Monate

1 kg Kürbisfleisch

500 g Zucker

$1/4$ l Weißweinessig

$1/4$ l Wasser

4 Gewürznelken

$1/2$ Zimtstange

abgeriebene Schale

von 1 Zitrone

2 EL geraspelte Ingwerwurzel

1. Das Kürbisfleisch in 3 cm große Würfel schneiden, in eine Schüssel geben und mit den angegebenen Zutaten vermischen. Zugedeckt 24 Stunden durchziehen lassen.
2. Am nächsten Tag in einen Topf geben, aufkochen lassen und bei mittlerer Hitze 10 bis 15 Minuten garen, bis die Kürbisstücke glasig werden.
3. Sofort in Gläser füllen, fest verschließen.

Pro Glas:
Kalorien (kcal) 590
Eiweiß (g) 6
Fett (g) 0
Kohlenhydrate (g) 140

SÜSS-SAURE GURKEN-HAPPEN

Für 2 Gläser à 1 Liter
Zubereitungszeit: 40 Minuten
Lagerzeit: 5 bis 6 Monate

2 kg Schmorgurken

100 g Salz

$3/4$ l Weißweinessig

$1/2$ l Wasser

200 g Zucker

1 EL geraspelte Ingwerwurzel

50 g Senfkörner

1 EL weiße Pfefferkörner

2 Lorbeerblätter

1. Gurken schälen, Kerne herausschaben und die Hälften in 1 cm breite Streifen schneiden. Mit Salz bestreut über Nacht ziehen lassen.
2. Essig, Wasser und übrige Zutaten aufkochen lassen. Die gut abgetropften Gurken 1 bis 2 Minuten in der Kochflüssigkeit garen und mit dem Sud in Gläser füllen. Fest verschließen.
3. Nach 1 Woche die Flüssigkeit abgießen, aufkochen und erneut über die Gurken geben, Gläser fest verschließen.

Pro Glas:
Kalorien (kcal) 310
Eiweiß (g) 5
Fett (g) 2
Kohlenhydrate (g) 70

PAPRIKASCHOTEN MIT KNOBLAUCH

Will man das Gemüse nur 1 bis 2 Wochen aufbewahren, reicht es, wenn man es nach dem Garen in Öl sofort in gut gesäuberte Gläser füllt und gut verschließt.

Auf diese Weise kann man auch grünen Paprika, Zucchinischeiben oder eine Mischung aus verschiedenen Gemüsesorten zubereiten.

Für 2 Gläser à 1 Liter
Zubereitungszeit: 1 Stunde
Lagerzeit: 3 bis 4 Monate

je 1 kg roter und gelber Paprika

$1/2$ l Olivenöl

2 EL Salz

frisch gemahlener Pfeffer

5 bis 6 Knoblauchzehen

1 TL frische Thymianblätter

$1/2$ TL Rosmarin

2 EL Aceto Balsamico

$1/2$ l Weißweinessig

$1/8$ l Weißwein

$1/8$ l Wasser

1. Die Paprikaschoten waschen, halbieren, Stengelansätze und Samenkerne entfernen. Im vorgeheizten Backofen bei 220° C so lange backen, bis die Haut braun wird und sich leicht abziehen läßt. Kurz abkühlen lassen, dann häuten und jede Hälfte der Länge nach durchschneiden.

2. Die Knoblauchzehen schälen und in dünne Scheiben schneiden.

3. Einen Teil des Öls in einer großen Pfanne erhitzen, die Paprikaschoten darin nach und nach anbraten, dabei immer wieder etwas Öl hinzugießen. Mit Salz und frisch gemahlenem Pfeffer würzen, die Knoblauchscheiben, Thymian und Rosmarin dazugeben und alles weichschmoren. Mit den beiden Essigsorten, Weißwein und Wasser aufgießen und einmal aufkochen lassen.

4. Die Paprikaschoten, abwechselnd rot und gelb, auf die Gläser verteilen. Die Flüssigkeit mit den Knoblauchscheiben darübergießen und die Gläser sofort verschließen.

5. Am nächsten Tag den Sud noch einmal abgießen und aufkochen lassen. Abgekühlt über die Paprikaschoten gießen. Erneut verschließen und kühl und dunkel aufbewahren.

Pro Glas:
Kalorien (kcal) 660
Eiweiß (g) 12
Fett (g) 53
Kohlenhydrate (g) 31

- - - - - - - - - -

Eingelegter Paprika ist mit Weißbrot eine köstliche Vorspeise, er schmeckt aber auch zu kurzgebratenem Fleisch.

- - - - - - - - - -

ESSIGSCHALOTTEN MIT ROSINEN

Für 2 Gläser à 1 Liter
Zubereitungszeit:
1 Stunde 15 Minuten
Lagerzeit: 3 bis 4 Monate

1,5 kg Schalotten

Salz

100 g Rosinen

4 cl Marsala

$^1/_4$ l Olivenöl

$^1/_8$ l Aceto Balsamico

$^1/_8$ l Schalottenessig

150 g Puderzucker

gemahlener weißer Pfeffer

1. Die Schalotten schälen. 2 l Salzwasser in einem großen Topf zum Kochen bringen und die Schalotten darin etwa 5 bis 8 Minuten vorgaren. Kochwasser aufbewahren!
2. Die Rosinen in Marsala und $^1/_8$ l lauwarmem Wasser einweichen.
3. Das Olivenöl in einem Schmortopf erhitzen. Die Schalotten mit einem Schaumlöffel herausheben, gut abtropfen lassen und in das heiße Fett geben. Salzen und bei schwacher Hitze unter Rühren mit einem Kochlöffel so lange braten, bis sie durchsichtig und weich sind.
4. Balsamessig mit dem Puderzucker verrühren und über die Schalotten gießen.

Aufkochen lassen, dann mit Schalottenessig und $^1/_4$ l Zwiebelkochwasser begießen und zum Schluß die eingeweichten Rosinen samt Flüssigkeit hinzufügen. Erneut aufkochen lassen und mit Pfeffer würzen.
5. Auf zwei Gläser verteilen, gut mit einem Schraubdeckel verschließen.
6. Am nächsten Tag die Einlegflüssigkeit abgießen, noch einmal aufkochen lassen und, falls nötig, etwas Wein oder Wasser zugießen. Die Flüssigkeit abkühlen lassen und erneut über die Schalotten gießen. Die Gläser gut verschließen und kühl und dunkel lagern.

Pro Glas:
Kalorien (kcal) 1795
Eiweiß (g) 12
Fett (g) 125
Kohlenhydrate (g) 155

■ ■ ■ ■ ■ ■ ■ ■ ■ ■ ■ ■

In Italien, und hier vor allem in der Toskana, sind die süßsauer eingelegten kleinen Zwiebeln, oftmals auch ohne Rosinen, eine beliebte Vorspeise.

■ ■ ■ ■ ■ ■ ■ ■ ■ ■ ■ ■

ALPHABETISCHES REZEPTREGISTER

SACHREGISTER

Pete A. und Susi
Eising betreiben seit
1979 gemeinsam
ein Fotostudio in
München.
Seit vielen Jahren
haben sie sich auf das
Gebiet Essen und
Trinken spezialisiert
und zählen heute zu
den führenden
Foodfotografen
Deutschlands.

Monika Kellermann ist
Ernährungsberaterin
und arbeitet seit
Jahren als freie
Foodjournalistin und
Buchautorin. Monika
Kellermann lebt bei
München.